미망

사리에 어두워 갈피를 잡지 못하고 헤맨다

이옥용 지음

엠인터내셔널

참성단
"개천절에 참성단을 바라보며"

동트기 전 참성단에 올라 사방을 살펴보니
강화가 품안이요 서해가 눈 안이라

유장한 민족사가 이곳에서 비롯되었나니
백두와 한라, 한라와 백두의 正중앙이로다.

누가 이 민족을 일러 백의라 되뇌었던고
침략은 안했으나 싸움엔 물러서지 않았음이니
겨레를 지켜온 단군의 웅혼한 기상이여!
홍익인간 이화세계로 인류가 하나되는 그 날.

우리가 물이라면 새암이 있을 터이고
우리가 나무라면 굳건한 뿌리가 있어 버팀이니
一始無始 天符經 큰 뜻이 참성단에 가득찼네

-2018년 10월 3일 새벽 강화마니산 참성단에서

추천사

　매일종교신문 이옥용 회장은 2년 전 '벼랑 끝에 선 종교'를 출간한 바 있다.
　이 책을 통하여 '종교가 신도들의 마음과 영혼을 위로하는 것이 아니라 신도들이 교회나 종교를 염려하다가 걱정하는 지경에 이르게 된 종교현상을 개탄하게 되었다'고 진단한바 있다. 그는 현재 지구상에는 3만 개가 넘는 종교가 있지만 어떤 종교도 인간의 참된 행복과 보다 낳은 미래를 제시 하지 못하고 있으며 오히려 삶의 갈등과 반복으로 비종교인의 조롱의 대상이 되고 있을 뿐만 아니라 물신주의에 빠져 공격과 방어를 일삼고 있다고 질타한 바 있다.
　이번에 다시 '미망迷妄'이라는 역저를 출간하게 되었다. 책의 제목에서 암시하고 있듯이 세수世壽 70종심에 이르고 보니 일체의 실재 세계가 환각·미망에 불과하다는 것을 깨닫게 되었다는 심정의 토로를 하고 있다. 특히 종교계가 더욱 '미망'을 부채질하고 있는 현실을 비평하고 있다. 사실 이옥용 회장은 매일종교신문에 게재한 '종교시론'을 통하여 '종교 비평'의 대표적인 필봉을 휘두른 대가의 의식과 감성을 갖추신 분으로 종교계에 널리 알려진 분이다.

특히 이번의 '미망迷妄'에서는 과거의 굴절되고 왜곡된 사종교邪宗敎의 굴레를 떨쳐 버리고 참 종교, 정직한 종교인을 갈구하는 간절한 심정이 곳곳에 예봉으로 번쩌이고 있어 종교인은 물론 일반 세인들의 관심을 끌기에 충분하다고 여겨진다.

나는 이 책을 계기로 한국의 대표적인 종교평론가, 종교비평가로 이옥용 회장님을 꼽고자 한다. 그는 오늘 한국종교가 안고 있는 문제를 하나도 놓치지 않고 속속들이 분석, 비판, 대안을 제시하는 날카로운 논봉論鋒이야 말로 독보적인 필치筆致가 아닐 수 없다.

'종교의 초심은 이름에서 시작 한다'에서 소망교회는 소망이 없고, 순복음교회는 순복음이 없으며, 사랑의 교회는 '사랑보다는 싸움이 많고, 통일교회는 통일이 없다'고 세인들의 회자를 빌려서 쓰고 있다. 양심은 특정 종교의 전유어가 될 수 없다. 양심은 인간 내면의 최고 가치이므로 거래의 수단이 될 수 없을 뿐만 아니라 양심은 살 수도 팔 수도 없다.

사람도 이름값 하기가 어렵듯이 종교도 이름값 하기가 여간 어려운 것이 아닌 것 같다. 요즘 시중에 떠도는 말로 구세주 위에 창조주. 창조위에 건물주가 있다고 한다. 세입자는 건물주가 가장 두렵고 무서운 존재라고 여긴다.

나와 다른 생각을 하고 사는 사람은 나의 참 스승이다. 종교공존 시대에 서로 비방·훼방·추방의 대상으로 여기는 종교인 또는 종교지도자가 있다면 그는 다종교, 다문화, 다 같이 시대를 살아갈 자격을 상실한 인물일 수밖에 없다. 내가 살고 있는 은평구에는 샤머니즘 박물관이 있다. 특히 고층아파트, 천주교성당, 교회, 사찰에 둘러 쌓여있어 너무나 아름답다. 하루 종일 굿마당을 펼쳐도 누구하나 항의하는 이웃이 없다.

이옥용 종교비평가는 '사람들이 종교에서 멀어지는 이유'에서 종교가 믿음의 종교가 되지 못하고 남의 종교를 비방함으로써 자기종교인의 결속을 다지는 효과를 노린다고 분석한다. 변화되는 시대를 선도적으로 종교의 역할을 다하지 못하면, 스스로 자기 도그마에 매몰돼 대중과 멀어지는 결과를 초래하고 말 것이라고 진단하고 있다. 종교는 교세와 권위보다는 사랑과 위안, 올바름과 실천, 헌신적 봉사를 통해 믿음의 종교인으로 모범을 보일 때 비종교인도 종교로 돌아오게 된다고 지적한 것은 참으로 오늘의 종교가 나가야할 지향점에 대한 정곡을 찌른 글이기도 하다.

한국의 종교 인구는 '황금배분'이라고 지적하였다. 기독교

1,000만, 불교1,000만, 유교1,000만, 민족종교1,000만, 기타 1,000만을 지님으로써 힘의 균형이 이루어져 종교 갈등은 있으나 종교전쟁으로 비화 되지 않는다고 전망하였다.

한국의 종교, 종교지도자, 그리고 종교인이 하루속히 '미망'의 껍네기를 깨고나와 줄탁동시 啐啄同時 하는 날이 오기를 고대하는 필자의 심정과 바램에 전적으로 동의한다. 또 다른 생각하는 독자들과 함께 본 저서 출간의 추천서를 대신하는 바이다.

2018년 10월

교육학박사 숭의여대 명예교수　배 영 기

추천의 글

　조원照圓 이옥용회장과 나는 서로를 가까이 알며 지내는 오랜 지기知己이다. 직장에서 동료로 만나 구절양장九折羊腸과도 같은 각기의 고비를 건너뛰며 여태껏 언론인의 길을 동행하고 있는 도반道伴이기도 하다. 굳이 그 기간을 소급하자면 반세기를 향해 가고 있다. 사람이 한 생을 살아가며 숱한 만남과 헤어짐이 있을 수 있겠지만 이 풍진風塵 서울에서 만나 이만한 세월을 함께 묵혀왔다는 것도 그리 흔한 일은 아니라고 여겨진다. 명리名利에 따라 조삼모사朝三暮四하는 각박한 인심 속에서는 더욱 그렇다.

　그간 이 회장과는 둘 사이에 포개진 세월보다 더 산적된 인생의 근본문제를 화두 삼아 기탄없이 의논하고 서로의 속내를 펴왔다. 얼마 전 일이다. 1907년 기상관측 이래 최고 덥다는 무더위가 연일 기록을 갈아치우는 삼복의 여름날 가假제본된 '미망迷妄' 책을 슬며시 건네주며 '질정叱正을 부탁한다'고 했다. 한 여름 밤을 지새워 독파한

나는 적이 놀랐다. 그동안 알고 있던 이 회장이 아닌 또 다른 '그'가 이 책속에 버티고 있었기 때문이다. 이 전의 저서 '하늘·땅·사람 모두에게' '벼랑 끝에 선 종교'와 일본어판 '盲神の夢'을 아껴 읽은 나로서 이번 고희기념으로 상재上梓된 '미망'은 선뜻 일독一讀하고 그냥 넘겨선 안 될 내용이란 직감이 들었다. 마침내 삼독을 하고 나서야 조물주나 종교 지도자에 대한 적나라한 표현들이 따듯하게 다가오며 이해되었다.

이 회장은 그가 창간한 매일종교신문의 회장으로 재임하며 국내외 수 많은 종교지도자와 종교학자는 물론 이 분야의 영향력 있는 신도 대표들을 취재하며 균형추 역할을 자임해 왔다. '화평서신'이란 고정 칼럼을 통해서는 한국종교, 나아가 세계종교의 화합 방안을 제시해 왔고 거침 없는 질타도 주저하지 않았다. 모두 대의와 공익을 위해 시도된 충정 이었다며 미소짓는 그의 비장한 웃음에서 뜻 모를 신기神氣가 발산 된다. 그를 좋아하는 까닭이다.

앞으로도 이 회장은 끊임없이 좋은 글을 쓸 것이다. 8순은 말 할것 없고 9순을 넘기면서도 우리를 기쁘게 하며 동시에 경책警責도 게을리 안 할 것을 기대한다. 근자에 와 작심하고 천착穿鑿한 심리학을 바탕으로 전해주는 건강비법은 뜻밖의 덤이다. 일찍이 선인先人들이 말했다. 길은 걷고 있는 자者

에 의해 정복되며 생년불만백 生年不滿百(백년도 못사는 인생이) 상회천세우 常懷千歲憂(천년 근심을 안고 살아간다)라고. 누세 累世 만년 이어 질 역사 앞에 내가 기여할 몫은 과연 무엇일지 생각해 볼 일이다.

　일연 있는 분들에게 일독을 권합니다.

2018년 10월

사)한국언론인협회 사무총장　이 규 원

머리말

중세시대는 종교가 사회를 선도했으나 오늘날의 문명사회는 그 양상이 가파르게 변하고 있습니다. 첨단과학의 발달과 이성적 앞선 판단이 인간의 삶을 선도하며 지대한 영향을 주고 있습니다. 현대인은 빠르게 변화하는 현실의 삶에 적응하느라 분주하기만 합니다. 눈에 직접 보이지 않는 신을 숭배하는 종교에 관심과 흥미를 잃고 대하지 않는 것이 보편화되어가고 있습니다.

하루하루 살아가는 현실의 삶에 시달려 지쳐있는 사람의 마음을 위로하고 도와주는 방편 정도로 종교를 인식하고 있다는 것입니다. 종교의 근본인 죽음, 신과 인간 삶의 궁극적 목적에 대한 추구는 종교에 심취한 사람이나 이를 연구하고 공부하는 학자들이나 하는 것으로 알고 있습니다.

종교가 세속화되어 순수성을 잃고, 오히려 세상의 염려 대상으로 전락함으로 말미암아 '종교는 없어져야한다'는 종교 혐오가 확산되어 가고 있고, 이를 일러 종교학자들은 '종교의 총체적 위기'로 진단하고 있습니다. 이것은 종교인 스스로가 빚어낸 참화입니다.

　필자는 종교언론인의 한 사람으로서 이러한 현실을 개탄하고 종교의 문제점들을 지적해 왔습니다. 그 동안 매일종교신문 <화평서신>의 명제로 삼아 종교가 안고 있는 문제점들을 지적한 '비판적인 글'들을 게재해 왔습니다. 찬·반 의견과 함께 격려의 메일도 많이 받았습니다. 또한 몇 권의 저술을 통해서도 현대종교가 지향해야 할 점을 제시하기도 했습니다. 이 같은 견해는 필자 개인의 소신보다 국내의 종교지도자들과의 대담이나 토론을 통해 여과된 객관적 대안이란 판단이 옳을 것 같습니다.

　이번에 필자의 고희古稀 기념으로 단행본으로 묶어 출간하게 됐습니다.

　독자 여러분이 잘 아시는 내용도 있겠지만 전혀 느껴보지 못하고 상상하지 못한 내용도 있을 것입니다. '이것이 옳다. 정답이다'라고 주장하는 것이 아닙니다.

　사람은 누구나 피할 수 없는 종교의 본질을 생각해보자는 의미도 담겨 있다는 점을 말씀드리며 판단은 독자 몫으로 돌리겠습니다.

2018년 11월
강화 마니산 자락에서
이옥용

차례

추천사 ··· 3
추천의 글 ·· 7
머리말 ·· 10

| 나를 돌아본다 |

조물주에게 묻다 ·· 17
두 친구 이야기 ·· 27
소를 팔아 교회에 바친 친구 이야기 ···················· 34
반려견의 죽음에 대한 이야기 ······························ 39
신앙 선배와의 만남 이야기 ································· 45
미망迷妄 ··· 50
자신을 허공에 맴도는 귀신이 되게 하지 말자 ······ 54
나에게 비는 게 정상 ·· 58
'숭배'의 참 의미를 생각해 본다 ·························· 65
인생을 망치는 중독 ·· 70
인간의 '갑질'과 동물의 '서열싸움' ······················ 77
일본 총리의 야스쿠니 신사참배를 보며 ··············· 80
현문우답·우문현답 ··· 85
사람들이 종교에서 멀어지는 이유 ······················· 89

교주 신도와 맹신 신도 ································· 94
'순종이 제사보다 낫다'의 맹점 ························ 99
천리의 법칙에 예외는 없다 ·························· 105

| 종교란 어떤의미인가? |

설교 ··· 111
종교지도자의 군림과 신도의 복종 ················· 115
종교의 미스터리 ·· 120
사기꾼 · 종교꾼 · 말 ···································· 127
종교가 중요한가, 인간이 중요한가? ············· 133
종교지도자의 현실감각 ······························· 138
종교 본질은 교조적이 아니다 ······················ 144
SNS와 종교 세상의 현시욕 ·························· 149
전도퇴치 카드와 종교인의 자세 ··················· 154
이단과 사이비의 기준 ································· 159
죽음문제에서 찾는 종교의 본질 ··················· 163
'종교공해론'의 실체 ···································· 168
종말론과 스피노자 ······································ 172
돈과 종교 ·· 176
기성교단과 신흥교단 ··································· 180
교회 이름 지을 때의 초심, 종교의 초심을 회복하자 ········· 186
국가개조, 종교개조, 자아개조 ······················ 191
지양해야 할 '보여주기 식' 종교이벤트 ·········· 196
종교 타락의 원인 ······································· 200

왜 보려고만 하는가? ·· 206
벼랑 끝에 선 종교 ·· 214

| 神과 인간 |

하나님은 많아지고 신자는 준고… ································ 223
하나님과 사람 ·· 227

| 구심점이 왜 중요 한가 |

"구심점 없는 통일은 종파별 대립과 분열로 참혹한 결과를
초래할 수 있다" ·· 237

| 나를 행복하게 만들자 |

이옥용의 마음치료법 ··· 249
　① 나의 정체를 알자 ··· 250
　② 나의 의식과 몸 ·· 252
　③ 나의 마음구조 ··· 255
　④ 나의 마음치료법 ··· 258
　⑤ 계시·신통력 ··· 260
"우주에서 지구를 보는 시대에 종교는 새로워져야 한다" ······ 264
일제시대 독립운동처럼 국가 장래 위한 종교화합 모색해야 ··· 277
모든 종교가 하모니를 이루는 큰 틀을 보자 ······················ 279

| 종교 수장들과의 대담 면면 |

종교 수장들과의 대담 뒷 이야기 ································· 283

나를 돌아본다

나 자신도 모르는데 무엇을 안다고 할 수 있는가?
진심이 없는데 어떻게 진실할 수 있는가?

'인간은 만물의 영장이다.'라는 말은 일순 그럴 듯 합니다. 그러나 지구에는 인간만 살지 않습니다. 조물주는 인간에게 만물의 생살여탈권을 부여하지 않았습니다. 조물주가 만물을 '다스리라'고 하신 말씀은 사랑으로 보살펴 그 생명체의 습성대로 살도록 도와주라는 것이지, 인간 멋대로 주무르라는 뜻은 아닐 것입니다. 인간과 자연만물은 서로 유기적인 관계를 맺고 살아야 합니다. 다른 생명체를 좋게 해 주는 것이 곧 인간을 좋게 하는 것이 됩니다.

성숙한 인간은 해야 할 것과 안 해야 할 것을 압니다. 자연의 순환을 막는 짓을 안 해야 할 것입니다. 자연적인 삶이 인간의 삶의 법칙입니다. 자기의식이 없으면, 신과 종교에 의존하여 조물주가 준 '인간의 자존성'을 잃어버리기 쉽습니다. 죄는 자연의 흐름을 가로막는 것이 아닐까. 지금은 자연을 통해 생물학적으로 신을 직시해야 할 때라고 생각합니다. 자기 분수와 위치를 알고 남을 해롭게 하지 않고 정당한 노력의 대가를 얻어 분수에 맞게 사는 것이 인생의 정석입니다. 나의 의식이 편향적 사고를 넘어 우주적 의식을 갖게 되면 신과 종교문제는 자연적으로 해결될 것입니다.

조물주에게 묻다

　조물주는 물론 종교창시자 등과도 통하는 도인을 필자가 만나 종교창시자와 인간과 세상, 그리고 신에 관해 의문 난 점들을 문의하고 답을 받은 내용 일부를 여기에 게재합니다. 영적인 이야기가 그렇듯 우리의 일반상식으로는 이해되지 않은 부분이 있습니다. 그러나 우리 의식의 지평을 넓혀 곰곰이 생각해 보면, 큰 의미가 담겨 있음을 발견할 수 있습니다.

3신神의 존재

도인은 "지상에서 3신神이 사람의 마음을 점령하기 위해 싸우고 있다"며, 이들 신에 대해 설명했다.

1. 자신自神

사람의 마음속에 내재되어 있는 '자기 신'이다. 사람의 정성의 강도가 높아지고 몰입하면 이 자기 신이 자기에게 계시를 준다. 그러나 사람은 하나님이나 자기가 믿는 교주가 주는 것으로 알고 그대로 행동한다. 이 자기 신은 아무 능력이 없다. 말과 생각뿐이다.

자기 신은 '사람 신'이다. 사람 자신도 모르는 신이다. 자기 신은 스스로 온갖 망상을 만들어 놓고 그것에 도취되어 자신을 조종한다. 본 신과 사신(邪神)은 이렇게 자기 신에 조종당하는 사람을 허깨비로 취급한다.

2. 사신邪神

사신은 육적 실체가 없다. 그러나 하나님이나 조상 등으로의 변신이 가능하다. 사신은 아무에게나 접근하지 않는다. 이용가치가 있는 사람에게 교묘하게 접근한 뒤 계시를 주고 조직을 만들게 하여 자기 세력을 넓혀간다. 사람을 자신의 틀 속에 가두어 놓고 허황되게 만들어 가지고 놀다가 싫증나거나 자기 정체가 드러날 조짐이 보이면

버리고 다른 사람을 택한다. 이 사신은 사람을 속이고 이용하는 능력밖에 없다.

사신은 2종류가 있다.

첫 번째 사신은 역사적으로 굳어진 전통으로 사람 마음을 점령하고 있는 신이다.

두 번째 사신은 철학과 종교교리를 앞세워 사람 마음을 점령하고 있는 신이다.

이 두 사신은 서로 사람을 자기 우리에 가두기 위해 싸우고 있다.

3. 본신本神, 조물주

우주만물을 창조하고, 운영하고, 관리하는 조물주이다. 역시 육적 실체가 없다. 본신은 사람은 자연의 일부이므로 만물처럼 자주적이 되어서 노력의 대가를 받아 양심대로 살기를 바란다. 본신은 사람에게 계시나 능력을 주지 않지만, 공의적으로 꼭 필요할 경우에 한해 철이 든 사람에게 준다.

이 3신神 중 제일 무섭고 독한 신이 자신自神 본인이다. 누구도 말릴 수 없다. 안하무인이다. '선무당이 사람 잡는다'는 속담처럼 아무 능력이 없고 제구실을 못하면서도 함부로 행동하다 큰일을 저지른다. 사람은 자신 속에 이 자신自神, 영혼이 존재하고 있다는 사실조차 모르고 있다.

신과 인간과 삶에 관한 문답

문 : 조물주님이 사람을 유린하고 있는 이 두 신(자신과 사신)을 정리할 수는 없습니까.

답 : 조물주가 정리한다고 해도 사람의 의식수준이 높아지지 않는 한 의미가 없다. 두 신을 없애 버리면 사람 신(영혼)도 없어진다.

문 : 그러면, 사람을 괴롭히는 이 두 신을 두고 보아야 하는 것입니까.

답 : 조물주가 사람이 철이 들게, 성숙할 수 있도록 환경을 조성해 가고 있다. 사람이 철이 들면 자연히 두 신은 없어진다.

문 : 신들이 왜 사람들을 품기 위해 싸우는 것입니까.

답 : 사람을 통해서만이 생존의미를 느낄 수 있기 때문이다.

문 : 깨달음이란 무엇입니까.

답 : 철이 들어가는 단계이다.

문 : 깨달으면 어떤 변화가 옵니까.

답 : 후회다. 잘못을 안다.

문 : 인생이란 무엇입니까.

답 : 막힘이 없이 갇힘이 없이 자존하는 것이다.

문 : 자신에게 도움이 되는 기도는 어떤 기도이며, 기도의 대상은 누구입니까.

답 : 신이나 교주에게 얻고자, 구하고자 하는 것을 달라는 것이 기도가 아니다. 기도는 얻고자 구하고자하는 것을 스스로의 노력으로 얻는 것이다.
기도의 대상은 자신이다.

문 : 인간의 영혼이란 무엇입니까.

답 : 아름다움 극치요, 기쁨의 극치요, 사랑의 극치요. 사랑의 진수眞髓다. 사랑의 결정체가 사람의 영혼이다.

문 : 사랑은 무엇입니까.

답 : 생명이고, 호흡이다.

문 : 양심은 무엇입니까.

답 : 전체(우주)에 부합되는 것이다.

문 : 욕심은 무엇입니까.

답 : 전체(우주)에 부합되지 않는 것이다. 다른 사람과 만물을 희생시켜서라도 자신만 좋으면 된다는 것이다.

문 : 죄는 무엇입니까.

답 : 단절이다. 흐름을 막는 것이다.

문 : 벌은 무엇입니까.

답 : 잘못에 대한 정당한 대가를 받는 것이다.

문 : 행복은 무엇입니까.

답 : 비우는 것이다.

문 : 불행은 무엇입니까.

답 : 끝없이 채우려는 것이다.

문 : 평화의 의미는 무엇입니까.

답 : 함께 사는 것이다.

문 : 조물주는 신입니까.

답 : 신이 아니다. 조물주가 신이라면 신의 하나의 부류部類가 된다. 조물주는 전체여야지 부류가 되어서는 안 된다. 사람이 조물주아버지라고 부르는 것이 맞다. 조물주와 통하는 사람이 있어 처음 밝힌다. 조물주 이름을 사람 편리한 대로 부르지 마라. 사람도 자기 이름을 다르게 부르면 좋아하지 않는다.

자연재해에 관한 문답

문: 과학자들은 지구가 여러 판으로 구성되어 있고, 그 판들이 부딪쳐 지진이 일어난다고 합니다. 조물주께서 이렇게 지으신 이유가 무엇입니까.

답: 지구를 형성하고 있는 여러 판들을 충돌하게 하는 것은 지구에 생명을 촉진시키기 위해서다.

문: 일부 종교지도자는 자연재해를 하나님 심판이요, 종말의 예고로 주장하고 있는데, 합당한 주장입니까.

답: 종말과는 상관없다.

문: 화산폭발과 지진, 해일 등의 자연재해가 일어나는 원인은 무엇이며, 그 대책은 무엇입니까.

답: 자연의 순환이다. 자연의 생리를 알고 대처하면 된다.

문: 지상에 평화가 이루어지면 지진이나 홍수, 화산폭발 등 자연재해가 발생하지 않고, 병도 생기지 않는 것입니까.

답: 지상천국이 이루어 진다고해서 지진이 없어지는 것이 아니다. 자연의 순환은 변하지 않는다. 사람이 대처하고, 주관할 수 있다는 것이 다르다.

문: 사람에게 주실 말씀 있으면 해주십시오.

답: 우주전체를 주고도 바꿀 수 없는 귀한 사람인데, 그 가치를 모르고 헤매는 것이 안타깝다. 철이 들기만을 바랄뿐이다. 사람이 자연에 큰 죄를 짓고 있다. 물은 자연의 피요, 공기는 호흡인데, 사람들이 오염시켜 자연이 큰 고통을 받고 있다. 지구

는 우주 가운데 하나의 생명체다.

종교창시자들
• 불교창시자 석가모니
노인이 불교창시자를 '부처님'이라고 부르자, 그는 "석가모니라 불러 달라"고 하였다. 도인은 부처와 석가모니는 같은 이름이라 생각하고 다시 부처님이라고 불렀다. 그러자 부처는 다시 '나는 석가모니'라고 말하였다.

도인은 석가모니에게 현실의 불교를 어떻게 보느냐고 물었다. 석가모니는 "나의 가르침대로 가고 있지 않다"고 하였다. 도인이 "바르게 갈 수 있도록 독려하면 되지 않느냐"고 반문하자, 석가모니는 이렇게 말했다. "영계에 오면 지상세계의 일에 참견할 수 없고, 지상세계에 갈 수도 없다."

• 기독교창시자 예수
예수는 자신의 심경을 이렇게 표현했다. "지상에서 나를 신격화하고, 우상화하여 고통을 받고 있다."

• 통일교회창시자 문선명
문선명은 "지상에서 나의 죽음에 대해 말이 있어 고통스럽다"고 하소연하였다. 도인이 지상에서 그랬듯이 '문총재님'이라고 부르자, 그는 '문선명 아버지'라 불러달라고 하였다. 도인이 조물주께 문의하였다. "문선명 교주가 아버지라 불러달라고 하는데, 그래도 되느냐"고. 조물주께서는 "생존 시 아버지로 인연 맺은 사람은 아버지로 부르는 것이 옳다"고 하며, "문선명 교주가 지상에서 아버지마음으로 살았기 때문이다"면서 "영계도 지상에서 맺은 인연을 존중한다"고 말씀하였다.

도인이 다시 "문선명 교주가 어려움에 처해 있는데, 도움 드릴 방법이 있느냐"고 문의하자, 조물주는 "문선명과 인연 맺은 사람들이 자신을 바로 알고, 바르게 사는 것만이 도움 된다"고 하였다.

도인은 '지상에 살면서 사람과의 약속이나 맹세는 실천해야 하고, 잘못되었다는 것을 알면 시정하도록 노력해야 한다. 지키지 못할 약속이나 맹세는 하지 말라.'는 뜻으로 받아들였다고 한다.

신통력에 대한 요점정리

사람은 대개 신통력을 얻어 자신을 과시하고자 하지만, 성인들은 그것은 진리가 아니라 삿된 것이라고 규정하였다. 진리를 실천하는 사람이 현명한 사람이라는 뜻이다. 성인의 가르침을 실천하여 성숙한 사람이 되려고 하지는 않고, 신통력에 의지하여 복을 얻고자 하는 것은 그릇된 것으로 자신을 나락으로 빠뜨리는 원인이 된다.

사신邪神은 이런 사람의 심리를 이용하여 자신이 구세주·미륵불이라며 접근하여 사람을 허황되게 믿는다. 공상허언증 환자 중에는 교주와 영통자와 맹신자가 많다.

공상허언증은 정신질환의 하나이다. 사기꾼이 금전적 목적을 위하여 허풍을 떨고, 거짓말을 하는 경우와는 달리, 이 공상허언증 환자는 자신이 왜곡한 사실을 스스로 진실이라고 믿고 그대로 행동한다. 그리고 잘못을 저지르고도 죄책감을 느끼지 않는다. 이들은 자기의 세계가 완벽하다고 생각한다. 이상도 높고 욕망도 강하다. 평소에도 붕 떠있는 듯한 느낌이 든다. 자신의 말에 토를 달면 화를 낸다.

세상살이는 아는 것만큼 보이고, 노력한 만큼 얻는다. 이것이 정도다. 이러한 정도를 무시한 채 거창한 구호를 외치고, 이적기사를 보이며, 구원해 주고 복 받게 해주고 병 낫게 해 주겠다며 유혹하고, 헌신과 돈을 요구하며 사람에게 추앙받고자 하는 신은 사신邪神이고, 그러한 사람은 사기꾼이다. 이를 바로 알고 허황됨에서 벗어나 유린당하지 않아야 한다.

두 친구 이야기
거침 없는 친구와 다단계사업에 빠진 친구

친구1: 거침이 없는 친구

거침없는 친구가 한 동창으로부터 "경전을 30번 완독하고 말씀에 취해 재미있게 지낸다"는 카톡 문자를 받았습니다. 이에 "밤낮 남의 소만 세면 뭐 하나. 동네에서 하는 동창회도 참석하지 않고, 친구들 애경사도 외면하고 약속도 지키지 않으면서…"라는 댓글을 달았다고 합니다. 그러면서 필자에게 "교회 일에만 충실하고, 친구들을 외면하면 그게 장로고 신앙인으로서 바람직한 태도냐"며 동창을 질타했습니다.

실제로 이 친구는 교회 일은 물론 자기 주변 사람들의 소소한 일도 그냥 지나치는 법이 없습니다. 홀로 사는 노인들을 돌봐주고, 상주가 되어 장례까지 치러주었습니다. 이를 보고 자기 장례를 부탁하는 노인도 있다고 합니다. 그는 이집 저집의 대소사에 직접 간여하며, 보일러나 전기가 고장 났을 경우에도 부탁받으면 곧장 달려가 자기 집 일같이 처리해 줍니다. 그의 행보에는 거침이 없습니다.

이 친구는 고스톱을 좋아한다기보다 즐긴다는 말이 적합합니다. 어울려 놀기좋아서 고스톱판을 만들어 선배후배들이 만나 회포를 풀게 하는 것입니다. "고스톱을 쳐 보면 그 사람의 됨됨이를 알 수 있다" 말하면서 한 사람 한 사람의 근성의 이야기를 듣다보면 고스톱에서도 도道가 있구나를 깨닫게 해 주었습니다. 이 친구가 필자의 카톡으로 보낸글이 흥미가 있고 재미가 있어 게재합니다.

노름쟁이들의 백서

아주 친한 친구들과 저녁을 먹고 한 판 붙자고 살살 꼬신다. 마누라는 우리를 도끼 눈을 뜨고 노려본다. 한푼 벌 수 있는 절호의 찬스가 왔다. 이제 고스톱치는 상대방의 취향, 성격, 잠재의식이 나오기 시작한다.

첫째, 몇푼 잃으면 평심을 잃고 흥분하고 꼬장을 부리기 시작한다. 이 자는 신용이 없는 자다.

둘째, 마구 투정을 부리며 얼마를 잃었다고 자꾸 되내인다. 얼마나 피곤한 자인가. 인내가 없는자다.

셋째, 마구 화를 내며 상대방을 비난한다. 역시 의롭지 못한 자다.

넷째, 고스톱 판에 맞는 멘트가 아닌 엉뚱한 말로 시끄럽게 하는 자도 있다. 예의 없는자다.

다섯째, 매 판마다 따지려하며 자기 주장만 옳단다. 지혜가 부족한 자다.

나도 바로 여기에 속한다. 나의 숨은 성품을 남에게 내보이며 남을 욕하며 산다. 그래도 한판치고 나면 천하가 다 평화로와 보인다. 세상에 못된 자는 가산을 탕진하도록 그 끝을 보려하지만 이제부터라도 나는 오래 묵은 벗님네들에게 나를 아름답게 보이며 지내고 싶다. 개판을 쳐도 세월은 간다.

이 친구는 야한 농담 등 자신의 감정을 표현하는데 있어서도 거침이 없습니다. 솔직합니다. 때 묻지 않은 순수한 심성을 지니고 있기 때문입니다.

그런데 간혹 이를 못마땅하게 여기는 사람의 질타를 받을 때면 입을 조심하고 자제해야겠다고 다짐하지만, 그때 뿐입니다. 다음에 만나면 여전히 거침이 없습니다. 태생은 어쩔 수 없는 것 같습니다. 이런 경우 부인이 남편에게 핀잔을 주며 화를 내는 것이 일반적인데 그의 부인은 그렇지 않고 그저 미소만 짓는 대단한 여성입니다. 이 친구부인이 하숙집을 운영하는데 하숙한 청년이 7백만원의 하숙비가 밀려 고심하는데 오히려 위로하며 무기력에 빠질까 염려하여 형편이 나아지면 갚아달라며 부담주지 않고 퇴실시킨 이야기 등을 듣고 많은 수행을 한 수도승 같은 사람으로 느껴졌습니다.

이 친구는 필자보다 3살 아래이지만, 언제 만나도 부담이 없고, 필자는 그를 멘토로 생각하며 때론 선생님이라고 부르며 존경심을 표하기도 합니다. 그래서 자주 만나 식사도 하면서 그의 가정사나 그의 주변에 있었던 이야기를 경청합니다. 이 친구의 거침없고 활달한 언행은 소심하고 무사안일의 틀에 박힌 나의 일상에 활력을 불어넣어줍니다.

친구 2: 다단계사업에 빠진 친구

이 친구는 정성의 챔피언입니다. 매일 새벽 4시에 일

어나 냉수목욕을 하고는 하나님께 기도하며 경전을 훈독합니다. 교회에 헌금도 많이 하고, 지인의 애경사에도 거금을 쾌척하며 생활자체가 기도와 정성입니다. 세속의 풍진에 때 묻지 않은 순수한 사람으로 필자와는 50년 지기이며, 세살 연상의 친구입니다.

어느 날 이 친구가 자기가 하는 사업에 투자를 권면하면서 5천만 원만 투자하면 노후를 편안하게 보낼 수 있다고 장담하면서 돈이 없으면 한 구좌(990만 원)만이라도 투자하라고 강권했습니다. 설명을 듣고 보니, 다단계사업이라고 판단되어 위험성을 지적했으나 친구는 절대 다단계가 아니라며 강변했습니다.

이 사업을 놓고 기도하니, "하나님이 좋다"고 하셨고 "하나님께서 필자에게도 권하라"고 하셨다며, 하나님이 배경이니 안심하고 믿고 투자하라고 설득했습니다. 친구는 "이 사업으로 돈을 많이 벌어 하나님의 뜻을 위해 사용하겠다"는 포부도 밝히며 빚을 내서 투자하라고 필자에게 선의로 투자를 권했습니다.

친구의 집요한 설득에 곤혹스러웠던 필자는 마지못해 사업자등록증을 보내주면 경찰서에 가서 확인한 다음 생각해 보겠으니 우선 사업자등록증 사본을 보내달라고 했으니 보내주지 않았습니다. 그렇게 순수했던 친구가 다단계사업에 빠진 후에는 모든 것을 아전인수 격으로 해석하며, 다단계사업 하나밖에 생각하지 않았습니다. 몹시 안타까웠습니다. 그를 만나 투자한 원금을 빼고, 지인을 끌어드리지 말라고 조언했지만, 오히려 투자하지 않은 필자를 애석하다는 식으로 말을 했습니다.

이 친구는 자기가 다니는 교회의 교인들과 지인들을 끌어들여 세력을 확장하여 한 달에 수십억을 유통하며, 고급 외제차를 타고 다니면서 교회와 사회단체에 기부금도 많이 내는 등 주위에 인심을 얻으며 위세를 부렸습니다.

다단계판매는 '방문판매 등에 관한 법률'에서 인정하고 있는 유통방식의 하나이기는 하지만, 실제 운용과정에서 불법적으로 이용하는 회사들이 상당히 많다고 합니다. 합법을 가장한 불법회사가 많다는 것입니다. 인터넷에는 다단계 사기로 인해 고통을 호소하는 글들이 많이 떠 있고 모두 순박한 사람들이 당합니다. 모 종단에서는 다단계사업의 문제점들을 종교지도자가 교육하는 곳도 있습니다. 믿음과 신뢰로 이루어지고 있는 종교단체이기에 다단계 사업하기에 적합한 곳으로 일반화 되어 있기 때문입니다.

이 친구에게 좋지 않은 소문이 돌아서 수소문해 보니, 그 다단계사업을 주도한 사장을 비롯해 간부 13명이 사기

혐의로 구속되었고, 친구도 검찰의 조사를 받고 있어서 언제 구속당할지 모른다고 하였습니다.

    필자가 전화로 친구에게 근황을 묻고 조금이라도 도움을 주겠다고 했지만 극구 사양하며, 가장 괴로워하는 것은 자신이 아니라, 자기 아들딸들까지 끌어들여 손해를 입힌 것이라고 했습니다.

소를 팔아 교회에 바친 친구 이야기

종교로 인해 가족에게 고통을 주어서는 안 된다.

　필자의 한 친구가 중학교 2학년 때에 실제로 겪은 일입니다. 친구는 그해 여름밤 시골집 앞마당의 평상平床에서 잠을 자다가 새벽 3시경 깼습니다. 이상한 느낌이 들었기 때문입니다. 집안을 둘러보다가 외양간에 매여 놓은 소가 없어진 것을 발견했습니다. 친구는 정신을 차릴 수 없을 만큼 갈팡질팡하며 자고 있던 아버지를 깨워 이 사실을 알렸습니다.
　온 집안이 발칵 뒤집혔습니다. 농촌에서 소는 집안의

전 재산입니다. 식구들의 유일한 희망입니다. 그런데 그 소가 쥐도 새도 모르게 없어진 것입니다. 아버지는 신 새벽 황급히 면 소재지에 있는 경찰지서로 달려가 소를 도둑맞았다고 신고하였습니다. 날이 밝고 한참 후에야 소의 행방을 알게 되었습니다. 친구 집에서 조금 떨어진 동네 입구 정자나무에 매여 있었습니다. 그러나 소는 이미 팔려서 다른 사람의 손에 넘어간 뒤였습니다.

기독교 계통의 한 신흥교단에 다니던 그의 형님의 소행이었습니다. 소를 판 돈은 교회에 바쳤다고 합니다. 1960년대 가난한 농촌의 일꾼이자 전 재산이라고 할 수 있는 소를 부모님 몰래 팔아 교회에 바쳤으니, 부모님과 형제들이 얼마나 큰 고통을 받았겠습니까. 아버지는 그 일로 인해 친구에게 '너는 절대로 그런 교회에 다니면 안 된다'고 다짐을 받곤 하셨다고 합니다.

친구는 가슴 속에 있던 응어리를 모두 털어놓았습니다. 친구 형님은 소뿐만 아니라, 친구의 학자금까지 훔쳐 교회에 바쳐서 친구는 상급학교에 진학하지 못하고 독학을 해야 했다고 합니다.

친구의 이야기를 들으면서 부모형제보다 교회를 더 중시했던 친구 형님의 근황이 궁금했습니다. 지금도 그 교회에 나니고 있는지, 그 때의 행동을 후회하고 있는지, 아니면 지금도 잘 한 것으로 생각하고 있는지 궁금했습니다. 그런데 의외로 친구 형님의 신앙은 지금도 변함이 없다고 합니다. '그때 하나님께 소를 제물로 바쳤기 때문에 오늘날 우리가 복 받고 사는 것이다'며 자신의 행위를 옳은 것으로 말하면서도 확신이 없어 보였습니다. 친구는 꿈보다 해몽이 좋다고 말합니다.

헌금 많이 거둘 생각 말고 진정한 '복 받는 법' 가르쳐야

친구 형님이 그런 비윤리적이고 반사회적인 행동을 한 데에는 이유가 있었습니다. 친구 형님은 같이 교회에 다니는 교인들과 이런 말을 주고받았다고 합니다. "앞으로 우리의 세상이 오면 너는 도지사가 되고, 너는 군수가 된다"고. 친구 형님은 종말론적인 믿음을 가지고 있었던 것입니다.

문득 예수 당시 예수 제자들이 생각났습니다. 예수의 제자들도 예수를 유대인의 왕으로 인식하고 예수를 따랐던 정황이 보입니다. 야고보와 요한의 어머니는 예수에게 두 아들의 장래를 부탁했고, 베드로는 "우리가 모든 것을 버리고 주를 쫓았사오니 무엇을 얻으리까" 하며 남다른 욕망을 보였습니다. 예수에 대한 기대심리를 충분히 읽을 수 있는 대목입니다.

예나 지금이나 일부 종교인들이 염불에는 뜻이 없고 잿밥에만 마음이 가 있다는 것입니다. 신앙생활을 하는 목적이 출세하고 복 받고 죽어서는 천당 극락가기 위한 것으로 생각합니다. 이런 그릇된 믿음은 종교지도자들의 잘못된 가르침 때문입니다. 대부분의 종교에 기복신앙이 만연해 있습니다.

개신교 일부 목회자들은 예수 믿으면 복 받고, 성공하며, 천국에 간다고 설교합니다. 헌금하는 것이 곧 투자임을 강조하는 목회자도 있습니다. 하나님에게 헌금하면 하늘이 상을 잊지 않는다고 가르치는 것입니다. 헌금을 신앙과 연계시키고 있습니다. 종단의 보여주기식 이벤트와 치장을 위해 신도들의 사정과 형편을 고려치 않고 과도한 헌금 독려는 가정에 고통을 주고 사회의 문제가 되기도 합니다.

종교지도자들은 예배당이나 법당을 크게 짓고 교인수를 늘리는 것이 종교의 근본목적이 아님을 잘 알 것입니다. 복은 하나님이나 교조에게 헌금하고, 기도한다고 해서 주어지는 것이 아니라는 것입니다. 복은 받는 것이 아니라 자기의 말과 행동의 결과로 얻는 것이기 때문입니다.

원인에 의해 결과가 생기는 것은 영원불변의 천리의

법칙입니다. 바른 마음을 가지고 열심히 노력하며 살아야
하는 이유입니다. 종교지도자는 신도들에게 헌금을 많이
거둘 생각만 하지 말고, 진정한 복을 받는 방법을 가르쳐
줘야 할 것입니다.

반려견의 죽음에 대한 이야기

"내가 캔디를 사랑한 것이 아니라,
캔디가 나를 사랑하고 갔다"

모든 생명체는 삶의 에너지가 제로가 되면 늦가을 낙엽 떨어지듯 죽음을 맞습니다. 자연의 섭리는 어느 누구도 거역할 수 없는 불가항력적인 것입니다. 생명의 시작이 인간의 의지와 무관한 것이라면, 그 생명의 마침인 죽음 또한 인간이 간여할 수 없는 부분인 것입니다.

사람은 사회적인 동물로 뭇사람, 동물, 식물 등 삼라만상과의 관계 속에서 살아갑니다. '옷깃만 스쳐도 인연이다'는 말도 있지만, 법정 스님은 "함부로 인연을 맺지 말라"고 당부했습니다. 진정한 인연과 스쳐가는 인연은 구분해서 맺어야 하고 진정한 인연이라면 최선을 다해서 좋은 인과因果를 맺도록 노력하고, 스쳐가는 인연이라면 무심코 지나쳐 버려야 한다는 것입니다.

사랑하는 사람의 죽음을 견디지 못하고 스스로 목숨을 끊는 사람도 있지만, 반려견의 죽음에 대한 슬픔을 견디지 못해 목숨을 끊은 사람도 있습니다. 반려 동물을 키우는 문제로 이혼하는 부부도 있는 것은 반려 동물에 대한 인연을 진정한 인연으로 여기기 때문입니다. 즐거움을 위해 사육하는 동물이 아닌 반려자(친구)로, 가족의 일원으로 대우하는 사람이 많아지고 있다는 것은 인간의 의식이 변화되고 있다는 증거라 할 수 있을 것입니다.

모든 생명체는 귀천 없어

나의 반려견 캔디가 얼마 전 죽었습니다. 14세로 사람 나이로 치면 80세 고령입니다. 캔디는 죽기 며칠 동안 밥을 전혀 먹지 않고 평소 침을 질질 흘리며 즐겨 먹던 소시지도 거들떠보지 않았습니다. 동네 동물병원에서는 동물 종합병원에 가보라고 권유했지만 나는 편안히 죽게 하는 것이 좋겠다고 생각했습니다. 캔디를 동물병원에서 데리고 나오면서 만감이 교차했습니다. 집으로 데려와서 목욕을 시키고 캔디 집 주위를 깨끗이 청소했습니다. 그런데 이상하게 파리가 몰려들었습니다. 약을 뿌리고 파리채로 잡아도 불가항력이었습니다. 인터넷에서 그 원인을 검색해 봤더니 파리는 몇 십리 밖에서도 죽음의 냄새를 맡고 몰려와 사체를 먹고 사체에 알을 낳기 위해서 몰려온다는 것입니다.

캔디는 죽음을 맞기 직전 힘이 다 했지만, 숨은 편안했고, 표정도 평온했습니다. 모든 것을 해탈한 것 같은 표정이었습니다. 그래도 내가 말을 걸면 무거운 머리를 쳐들고는 답례했습니다. 내가 해 줄 수 있는 것이라곤 아무 것도 없었습니다. 내가 지켜보는 가운데 편안히 눈을 감고 모든 것과 이별했습니다. 마치 조용히 잠이 든 것 같았습니다. 14년 동안 나의 가족과, 회사 직원들과, 회사를 드나들던 많은 사람에게 기쁨을 주었던 캔디가 마침내 숨을 거두었습니다. 내가 좀 더 캔디를 사랑해 주지 못한 죄책감이 들며, 문득 "사랑이 머리에서 가슴으로 내려오는데 70년이 걸렸다"는 고 김수환 추기경의 말씀이 생각났습니다.

카톡이 왔다.
"며느리 : 캔디가 우리랑 함께 해서 행복했을까요?

큰 딸 : 밖에서 고생했지 뭐.
　　작은 딸 : 가슴 아파 ㅠㅠ 불쌍하다 ㅠㅠ."

　눈을 감은 캔디의 모습을 보는 순간 흐름(순환)을 막는 것이 죄라는 생각이 들었습니다. '상대를 해롭게 하는 것이 흐름을 막는 것이고 나 외의 사람들과 동물, 식물은 모두 나의 생명의 은인이고 나의 생명이 그들로 인해 살아가고 있고 모든 생명체는 높고, 낮고, 귀하고, 천한 것이 없다. 분별과 차별은 흐름을 막는 것이다.'
　'인간은 만물의 영장이다.'는 말은 일순 그럴듯합니다. 그러나 지구에는 인간만 살지 않습니다. 조물주는 인간에게 만물의 생살여탈권을 부여하지 않았습니다. 조물주가 만물을 '다스리라'고 하신 말씀은 사랑으로 보살펴 그 생명체의 습성대로 살도록 도와주라는 것이지, 인간 멋대로 주무르라는 뜻은 아닐 것입니다. 인간과 자연만물은 서로 유기적인 관계를 맺고 살아야 합니다. 다른 생명체를 좋게 해 주는 것이 곧 인간을 좋게 하는 것이 됩니다.

자기의식 지녀야 자신

　사람만 보면 도망치는 동물들. 심지어 동식물은 인간의 독기까지 느낀다고 합니다. 어느 산골 촌부의 이야기입니다. 그는 '어린 송이버섯을 발견하고는 다음에 채취해야겠다고 눈독을 들이고 다음에 가보면 시들시들해 있더라'고 들려줬습니다. 왜, 같은 인간과 동식물이 인간을 기피하는 걸까요. 인간 마음속에 자리 잡은 무서운 욕심 때문일 것입니다. 인간이 자연과 소통하지 못하는 인간은 인간과 자연과 더불어 살 자격이 없습니다. 자연은 우리의 양심처럼 순수합니다. 양심을 잃어버린 인간은 인간과 자연의 친구가 될 수 없습니다.

아마도 사람의 의식이 막힌 것을 뚫어주는 역할이 선이고, 종교일 것입니다. 그러나 자기의식 없이 종교의 가르침대로 따라하면 흐름을 막는 것이 됩니다. 자기중심, 자기종교 중심이 되면 길이 막히고, 흐르지 않아(서로 통하지 않아) 오염되고, 지옥이 되고 막히면 죽습니다. 쌓이면 흐름을 방해합니다.

내 종교가 최고다, 내가 구세주다고 주장하며 자기 종교와 자신에게 의존하게 만드는 것이 문제입니다. 선은 자기를 주장하고 나타나지 않습니다. 나타나면 벽이 되고 우리가 됩니다. 벽과 우리에 갇히면 죽습니다. 자기의식이 있는 사람은 갇히지 않고 분별력이 있어야만 알 수 있습니다. 공부란 자기의식을 높이기 위해 끊임없이 노력하는 것이고 자기의식이 수반된 공부가 필요합니다.

남이 가르쳐주고 손에 쥐어주는 것은 일시적인 것입니다. 자기의식 없이 예수, 부처 의식만 가지고 공부하면 결국 자기를 우리에 가두는 것이 됩니다. 종교의 가르침은 개개인의 의식을 높여주기 위한 환경을 조성해 주는 것이 아닐까요. 자기의식이 없으면 흐름을 가로막아 뭇사람은 물론 자연에게까지 악영향을 줘서 죄를 짓게 되고, 그 죗값을 받게 됩니다. 교육, 종교, 철학, 사회의 가르침이 이러한 기초를 세우지 못하므로 사람이 땅에 발을 딛고 살면서도 공중에 떠 있는, 바람개비 같은 모습이 된 것 아닌가 하는 생각도 들었습니다.

캔디의 죽음을 보며 나 자신은 물론 사람, 종교, 자연의 섭리에까지 연상된 것입니다. 돌이켜 보니, 내가 캔디를 사랑한 것이 아니라, 캔디가 나를 사랑하고 갔다는 깨우침입니다.

신앙 선배와의 만남 이야기

얼마 전 신앙 선배이자 직장 상사였던 분으로부터 필자의 친구와 함께 만나고 싶다는 전화가 왔습니다. 당시 그 분은 제가 소속돼 있던 종단에서 운영하던 회사의 고위 직위에 있었기 때문에 가까이 다가설 수 없는 분이었습니다. 연세가 80대 후반에 접어든 그분은 부하 직원들은 물론 주위 사람들을 인간적으로 잘 대해 주어서 모두에게 존경받고 있었습니다.

그 분은 여전히 총기聰氣가 맑고 카리스마가 넘쳤습니다. 상시산 친구와 대화하는 모습을 지켜보면서 새삼 느겼습니다. 그런데 결론은 종단에서 탈퇴한 사람들의 모임에 참여해 달라는 것이었습니다. 과거를 돌이켜보면 '자기를 잃고, 쓸데없는 일에 인생을 허비하고 있다'고 하시며 권면하였습니다. 종단에 한이 맺혀 있는 듯 보였습니다. 저는 갇히는 것을 싫어하고 갇히지 말자고 주장하는 사람입니다. 종단에 계실 때 잘못된 것이 있으면 바로잡도록 했어야지 나와서 새로운 조직을 만들어 주장하면 싸움밖에 안됩니다. 새로운 조직 만들지 말고 그 안에서 좋다 나쁘다 불평 불만하더라도 교인들로부터 동조 받을 수도 있지만 일단 간판 걸면 혁명입니다. 종교 역사를 보면 갈라져서 싸움으로 얼마나 많은 사람이 희생되었습니까. 그런데 오늘날에 와서 보면 바로 잡지도 못하고 더 못한 것이 아닙니까"라고 말씀드리자 선배님은 언짢은 표정으로 필자를 매섭게 책망을 하셨습니다.

필자의 생각은 잘못된 것을 알게 되면 나오지 말고 시정할 수 있도록 대안을 만들어 건의하였는데도 시정할수 없다고 판단되면 세력을 모아 개혁할 수 있도록하는 것이 최선의 방법이라고 봅니다. 자체 내에서 정화가 안된것을 밖에서 정화하려고 하면 할수록 결속력이 생겨 매도되기 쉽고 사회문제화되는 것이 종교특성이기 때문입니다. 종교지도자들의 형태와 종단내 불화로 종교 전체가 매도되어, 종교인들도 식상하여 급속히 무종인으로 돌아서고 있다는 종교학자들의 발표가 있습니다.

한국 내 종단마다 안티 단체가 있습니다. 종단에 피해를 본 사람이 많다는 증거입니다. 종단이 여러 갈래로 갈라지고, 탈퇴자(배교자)들이 조직적으로 저항하는 원인은 종단의 경전이나 전통과 권위, 그리고 종단의 그릇된 행위 때문입니다. 그러나 탈퇴 세력도 이를 바로 잡지 못한 채 어느새 기성화되어 기존 종단과 똑같은 잘못을 되풀이하고 있습니다.

종단의 영웅은 순교자이고, 종단의 원수는 탈퇴자입니다. 종교지도자들은 신도들에게 순교자가 되라고 가르치지만, 오히려 탈퇴자가 늘어나고 있습니다. 이러한 현상은 특히 기독교계 신흥종단이 심합니다. 종단과 종단이, 종단과 탈퇴자들이 서로 원수가 되어 이전투구하고 있습니다. 종단이 종단의 명예를 훼손했다는 이유로 탈퇴자들을 상대로 손해배상청구 소송을 하고, 탈퇴자들은 물적·심적으로 헌신했던 것을 종단에 거액의 위자료를 청구하는 일이 비일비재합니다. 종교법이 세상법 위에 있다고 주장하는 종교인들이 세상 법에 옳고 그름을 따지며 다투고 있으니 종교의 모순입니다.

순교자는 줄고, 탈퇴자는 늘어

법원은 모 종단의 소송에 다음과 같은 판결을 내렸습니다. "시한부 종말론을 제시해 여러 기독교단체로부터 이단 지정을 받은 바 있고, 일부 신도들이 과도한 종교 활동과 헌금 등의 문제로 가정불화가 발생해 이혼까지 이른 사례들도 있다"고 지적하며 "탈퇴자들의 시위가 정당한 종교비판의 자유에 해당한다"고 밝혔습니다.

어느 신흥 종교에 빠져 가출한 딸을 찾기 위해 시위하다 종단뿐 아니라 딸에게도 고소당한 사례도 있습니다. 딸이 엄마를 납치·폭행·감금죄로 고소한 것입니다. 김 모 씨는 모 종단 신도로 군에 입대했다가 졸지에 배교자로 제명당했습니다. 가족과 친척들로부터 은근히 따돌림을 당했습니다. 친구관계도 모두 끊겼다고 합니다.

일부 특정 종교는 배교자를 용납하지 않습니다. 이란 의회는 2008년 무슬림 배교자를 사형에 처하는 형법개정안을 가결했습니다. 시리아 율법에는 개종하면 사형에 처하는 관습이 있습니다. 샤리아(이슬람법)를 엄격히 국법으로 시행하는 나라에서는 샤리아를 지키지 않으면 사형에 처하거나 구금하고, 채찍으로 때리는 등 가혹한 형벌을 내립니다.

사람은 가치관에 따라 생각하고 행동합니다. 종교적

가치를 중요시하는 사람에게 있어서 종교적 가치는 절대적인 것입니다. 어떤 대가를 치르더라도 고수하는 중요한 것입니다. 그러므로 이를 존중하는 것이 옳습니다. 그 결과가 어떻게 되든 말입니다. 불가항력이기 때문입니다.

미망 迷妄

종심從心, 고희古稀 맞아
종교의 본질을 생각해보다

어느 덧 필자의 나이 일흔. 예부터 인생칠십고래희人生七十古來稀라 하여 '사람의 나이 칠십을 산다는 건 드문 일이다'고 하였는데 무심한 세월 속에 70이 되고 말았습니다. 마음 한편으로는 나도 무탈히 70을 살아낼 수 있을까를 염려했는데 작은 소망 하나를 이루었다는 안도감이 듭니다.

'70살이 되어 저승에 가면 극락에 간다'는 어느 도인道

人의 말이 마음에 담겨있기 때문일 것입니다. 70년을 살아오는 동안 온갖 고생으로 죄값을 치렀기에 좋은 곳으로 간다는 의미를 두고 한 말입니다.

공자님은 '나이 70이면 종심從心'이라고 했습니다. 여기서 종심은 '종심소욕불유구從心所慾不踰矩'의 줄임말로 '나이 70이 되면 하고 싶은 대로 하여도 법도를 어기지 않는다'는 뜻으로 『논어』 위정爲政편에 있습니다.

필자는 70에 자신해방, 자유로움을 느낍니다. 그러나 한편으로는 미망迷妄의 지난날들을 돌이켜보면서 자연만물과 사람에게 알게 모르게 얼마나 피해를 주었을까, 무게로 측량하면 얼마나 될까, 이웃에게 신세진 것을 저울로 달아보거나 값으로 환산하면 얼마나 될까를 회상하며 남은 생애에 조금이라도 갚고 가야할 텐데…를 걱정을 하고 있습니다.

그동안 종교를 연구하고 공부한지도 어언 30여년이 되었습니다. 종교의 좋은 점은 2천여 년 동안 강조해 왔는데 언행일치言行一致가 왜 안 되는가? 무엇이 문제인가? 그 답을 찾기 위해 헤맨 여정이었습니다. 때로는 '이것이다' 싶어 한때 감격했지만 지나고 보니 아니었고, 이렇게 반복했던 일이 얼마였던가. 어리석은 자신을 한탄하며 '나는 뭔가? 도대체 이 생각은 어디서 오는 무엇이고 마음은 또한 무엇인가?' 근원을 알고자 성인들의 말씀과 역사를 수도 없이 추적하였습니다.

얼마 전에는 종교로 인해 유복한 가정이 파탄 나고 돈을 가지고 나와 모두 헌납한 뒤 기도원에서 생활하다 말년에는 고시원에서 홀로 늙고 병들어 사망한 어느 노老권사님 소식을 지인을 통해 들었습니다.

남편과 자식들을 버리고 집 나간 어머니, 죽음 직전에 타인의 권고에 의해 어머니를 찾아온 자식의 심정은 어떠했을까? 자신을 뒤돌아보며 필자는 공분심公憤心에 잠 못 이루었고 억울하고 안타까웠습니다.

종교로 인해 부모와 자식 간에 벌어지는 폐단들을 우리 주변에서나 메스컴 등에서 자주 접하고 있습니다. 세상을 구원하겠다는 일부 종교가 오히려 세상의 염려를 주고 세상 법의 심판대에 서는 것을 보고 있습니다. 무엇이 그렇게 만드는가? 미지未知 세계의 보장 때문인가? 아니면 죽어서 '좋은 곳에 간다'는 막연한 믿음 내지 기대심리의 발로인가? 부모자식, 이웃, 세상에게 피해와 고통을 주면서 마지막에 얻는 것이 무엇인가? 마구니, 사악한 신神들의 농간인가? 자문自問하게 하였습니다. 인간과 자연만물이 함께 살고 있는 세상에 사악한 존재들의 농간선동에 매달려 자신을 잃고 허공을 떠다니는 미망迷妄의 중생들이 너무나 많다는 것이 안타까울 뿐입니다.

'노력의 대가로 분수에 맞게 살지 않고 종교에 의존하여 신의 도움을 받아 자기 목적한 바를 이루려고 하는 사람은 지나온 종교의 역사를 보고 세상을 보라는 것입니다. 준비 없이 노력도 하지 않고 얻고자 하는 사람에게 자기 종교 믿으면 얻을 수 있고, 사후까지 보장하겠다면 사이비似而非요, 그런 신은 사신邪神이다'라고 나이 70에 깨달은 것입니다.

'심은 대로 거둔다'는 천리天理원칙, '무왕불복'無往不復 즉, 내가 행동하고 말한 것은 모두 나에게 되돌아온다는 『주역』의 가르침과 "전생의 네 업장이 궁금하거든 지금 살고 있는 네 모습을 보라. 내생의 영혼이 염려 되거든 지금 짓고 있는 네 소행을 보라"는 불경의 가르침을 상기하면서 "지옥은 인간이 스스로 걸어 들어간 것이다"는 로마교황의 말씀을 되새겨 보게 됩니다.

자신을 허공에 맴도는 귀신이 되게 하지 말자

"기적은 없다. 단지 사람들이 소망할 뿐"

　사람들은 자신의 힘으로 해결이 불가능한 일이 발생하면, 기적이 일어나기를 바랍니다. 그래서 지푸라기라도 잡고자 하는 심정으로 기적을 일으킬 수 있다고 생각되는 신이나 귀신의 힘을 빌려 문제를 해결하고자 합니다. 마음이 유약한 사람이 평상심을 잃으면 의존심에 사로잡히게 되는 것이 인간 생존본능이라 할 수 있습니다.
　인간들이 신과 귀신에게 한 가닥 희망을 거는 것은 세

상에는 종종 인간의 상식으로는 이해할 수 없는 기이한 현상이 나타나기 때문입니다. 신이나 귀신이 행했다고 밖에 믿을 수 없는 불가사의한 일들이 있고, 인간의 생사 문제를 두고 보면, 죽을 수 밖에 없는 사지에서 살아나온 사람들이 있습니다.

1945년 일본 히로시마에 원자폭탄이 투하됐을 때, 35,000명이 죽고, 1.8평방마일의 구역이 초토화되어 이 지역의 시마라는 병원의 환자와 의료진 80여 명도 모두 사망했습니다. 그런데 이 병원의 원장만 살아남았습니다. 그때 그는 다른 병원의 부탁을 받고 수술하러 출장을 갔기 때문입니다. 최근 경남 진주에서 철거작업 중에 건물이 붕괴되어 작업하던 인부들이 모두 죽었습니다. 하지만, 담배 피우려고 건물 내부의 벽 쪽으로 간 인부는 벽과 천장 사이에 공간이 생겨 살아남았습니다.

이런 현상이 기적일까. 아닙니다. 기현상이라 해야 옳습니다. 인간의 행복과 불행은 시대와 환경, 자신의 운과 능력에 따라 좌우됩니다. 따라서 필연이 우연이 될 수도 있고, 우연이 필연이 될 수도 있는 것입니다. 간혹 자연의 현상 속에 배어있는 사람은 자신도 모르게 흐름을 타 기분이 안 좋고, 느낌이 좋지 않아 사지에서 벗어나기도 합니다. 이러한 느낌은 일부 사람에게 배어 있는 예감이나,

영감이라고 할 수 있습니다.

기적이 있을까? 기적은 없습니다. 단지 사람들이 소망할 뿐입니다. 기적 같은 현상은 사람이 만드는 것입니다. 자기의 운, 능력이라고 하는 것이 오히려 맞습니다. 우주 자연의 법칙은 과학적입니다. 종교경전에 기록된 기적 같은 얘기나, 경험했다는 신비로운(?) 얘기는 비자연적인 것들이고, 비과학적인 것들입니다. 판타지소설에서나 볼 수 있는 소재이며 만약 그것들이 사실이라면, 그것은 영적인 환상일 뿐입니다.

종교와 무당들의 기적 자랑은 자신들에 의지하고 돈을 갖다 바치라는 얘기다

종교와 무당들이 기적을 일으키고, 용하다고 자랑하는 것은 자기 종교와 점집, 자기의 신과 귀신에게 의존성을 높이게 하기 위한 전략이며 신과 귀신의 메신저인 자신들에게 의존해서 살라고 광고하는 것과 다름없습니다. 즉 자신들을 받들어 모시고 돈을 갖다 바치라는 얘기입니다.

종교 경전 속의 이적과 기사는 경전을 쓴 저자가 실감 있고, 감동을 주기 위해 쓴 것들입니다. 자연현상과 영적인 능력이 있는 사람에 의해 이적과 기사 같은 현상은 있으나, 실제 이적 기사는 없습니다. 만약 신이나 귀신이 이

적이나 기사를 일으킨다면, 인간은 무가치한 존재가 되고 자연의 법칙이 무너져 어느 한 종교의 신이 겁박하는 '세상 끝 날'이 됩니다.

　신이나 귀신은 인간의 능력을 도용하고 인간은 스스로 '만물의 영장'이라고 말합니다. 일부 사람에게는 영적인 자기 능력이 있습니다. 병을 고치는 능력, 투시력, 예견력 등 다양합니다. 그런데 인간들은 이런 능력을 신이나 귀신이 주는 것으로 알고 자기가 능력이 있다는 것을 모르는 사람이 많습니다.

　자기의 운과 노력으로 사는 것이 인생의 정석입니다. 자기의 능력으로 안 되는 것을 초월적인 힘을 빌려 해결하려는 것은 억지이며 오히려 더 큰 부작용만 낳습니다. 인간은 유한한 존재이며 인생사마다 끝이 있습니다. 불가항력적인 일은 가을이 되어 떨어지는 낙엽처럼 자연적인 현상으로 받아들이고 편안히 맞이하는 것이 현명한 일이라 봅니다.

　기적과 천운의 유혹에 넘어가 자신을 허공에 맴도는 귀신이 되게 하지 말자는 것입니다.

나에게 비는 게 정상

사주보다 중요한 게 관상, 관상보다 중요한 게 심성

"이 시대의 화제의 인물, 세상이 바뀌면 운명도 바뀌어야 한다."

"간절히 원하면 이루어 질 수 있습니다. ○○스님 황금 복돼지!!"

"액운을 없애주고 호운과 재운을 부르는 ○○스님 친필 기화"

2017년 5월 10일 한 중앙일간지에 실린 전면광고입니다. 아마 광고료가 수천만 원은 될 성싶습니다.

새해가 되면 유명 무당이나 점쟁이, 역술가의 집은 한 해 운수를 점쳐보려는 사람으로 인산인해를 이룹니다. 과학기술이 발달하여 삶의 예측 가능성이 커졌지만, 사람들은 여전히 자신의 미래를 궁금해 합니다. 만약 사람이 자신의 미래를 내다볼 수 있다면 삶이 완전히 달라질 수 있고 인생이 180도 달라질 수 있습니다. 한 방에 인생대역전이 가능하고 흙수저도 금수저가 될 수 있습니다.

그러나 인간은 한 치 앞도 내다보지 못합니다. 인간은 불완전한 존재로 선과 악, 창조와 파괴, 영원과 순간 사이에서 무수히 고뇌하며 삽니다. 답답해서 늘 자신의 흥망에 대해 불안해합니다. 마음이 나약해서 흥함의 길보다 망함의 길로 나아가기가 쉬워 무언가에 의존하려는 경향이 있습니다.

사람들은 경제적인 어려움에 시달리거나 우환이 생기면 으레 술, 담배, 마약 등 중독성물질에 의존합니다. 더러는 요행을 바라며 도박에 손을 대고, 복권에 희망을 걸며, 용하다는 무당·점쟁이를 찾아가 해결의 비책을 찾으려고 합니다. 또한 종교에 의존하여 위로 받고 신에게 매달려서 소원을 성취하려고 기도하는 이들도 있습니다. 사람들은 자신의 운명을 바꿔 줄 종교(신)와 무속(귀신)과 여술인(사람)을 통해 사주팔자를 고쳐서 행운을 얻으려고 합니다.

자녀들의 대학입학시험 합격이나 남편의 사업번창 등을 위해 올리는 기도는 처연하기까지 합니다. 해마다 입시철이 되면 교회나 성당, 사찰이나 명당 등에는 복을 비는 사람들로 문전성시를 이루고. 때론 노천에서 눈비 맞아가며 백일이나 천일씩 기도하는 사람도 있습니다.

허망한 바람

금전, 건강, 애정 등 인간사의 애환을 가지고 점집을 찾는 기독교인도 적지 않습니다. 기독교 지도자의 설교는 '예수 믿으면 복 받고 성공하며 천국 간다'는 것이 주종을 이루고, 헌금하면 더 많은 물질 축복을 받는다고 가르칩니다. 성도들의 간증도 '예수 믿고 병 나았다', '예수 믿고 사업 번창했다', '예수 믿고 돈 많이 벌었다'는 것이 주류입니다. 대개의 부흥회는 일종의 굿판과 같은 형식으로 진행되며, 철저하게 개인의 기복에 초점이 맞추어져 있습니다. 부흥회는 더 많은 물질적 보상과 축복을 받기 위한 투자모임 같습니다.

불교도 사찰 육성과 재정확보 등 다양한 명목으로 기

복적인 기도나 천도재를 권합니다. "나쁜 업으로 천도가 안 된 영가(영혼)에게 부처님 법문을 들려주어 천도하면 그 공덕으로 악업에서 벗어날 수 있고, 가족들의 병도 나을 수 있다"고 말하면 귀를 기울일 수밖에 없습니다. 가사불사·기와불사·방생불사 등 구복적인 행사와 부적, 퇴마, 구병의식을 행하기도 합니다.

종교의 구복의식이나 무당·점쟁이의 푸닥거리와 부적, 역술가들의 방책이나 개명 등으로 복을 받게 해주고, 죄를 없애주겠다는 것은 사기가 아니면 월권입니다. 이는 염불보다는 잿밥이 목적이라 하겠습니다. 인간의 불안 심리를 이용하는 돈벌이 수단이며, 허망한 바람입니다. 미신이 따로 없습니다. 과거 미개문명시대에 존재했던 애니미즘이나 토테미즘, 샤머니즘적인 요소들이 오늘날의 고등종교 속에도 다분히 녹아 있습니다. 숭배대상만 자연물에서 신으로 이동했을 뿐, 그 내용은 하등 다를 바 없습니다.

사람이면 누구나 복을 받아 편안하고 행복하게 살고자 합니다. 복을 받고자 하는 욕망은 잘못된 것은 아니지만, 문제는 의존하는 것들이 과연 우리에게 복을 줄 수 있느냐 하는 것입니다. 이런 것들은 문제해결의 올바른 방법이 아니고 갈증만 더할 뿐입니다.

사주보다 중요한 게 관상이고, 관상보다 중요한 게 심성이라고 합니다. 타고난 팔자가 아무리 좋아도 올바른 마음가짐으로 올바른 행동을 하지 않으면 무용지물이 된다는 예로부터 전해 내려온 말이 있습니다. 팔자 고치는 법은 '적선'이라고 합니다. 선한 일을 많이 하면 앞으로 닥쳐올 모질고 사나운 운수를 피해 나갈 수 있다는 이야기입니다. 어느 역학 교수는 인생을 바꾸는 법, 즉 팔자 고치는 법 여섯 가지를 말했습니다. 첫째, 적선을 하라. 둘째, 좋은 스승을 만나라. 셋째, 하루 한 시간 정도는 명상이나 기도를 하라. 넷째, 독서를 많이 하라. 다섯째, 편안한 집에서 휴식을 잘 취하라. 여섯째, 자기 자신을 알아라.

나에게 비는게 정상

자신의 문제를 자신의 힘으로 해결하려 하지 않고 남에게 의존하여 해결하려고 하면 사기꾼의 덫에 걸려들게 됩니다. 이익되게 해주겠다고 달콤한 말로 자신에게 의존하게 만들어 이용하려는 자는 사기꾼입니다. 사기꾼은 말로 유혹합니다. 의존성이 강한 사람은 꿀보다 더 달게 한 말에 속아 넘어 갑니다.

'모든 게 팔자소관'이 아니라 마음먹기에 달렸습니다.

인간사는 인과응보요, 자작 자수요, 자업자득이다. 부자이거나 가난하거나, 건강하거나 건강하지 못한 것도 인과 법칙에 의해 자기에게 돌아오는 것이니 누구도 탓할 수 없습니다.

운명이 신의 손에 달렸다기보다는 인간 자신이 만들어 간다는 것이 정답입니다. 인간은 자주적인 존재로 스스로 생각하고 판단하며 행동하게끔 되어 있습니다. 결과 또한 자신이 책임져야 합니다. 어떤 마음가짐으로 사느냐에 따라 자신의 운명이 결정됩니다.

불행의 근원은 대부분 자신의 욕망을 조절하지 못함에 있고 자존성이 없기 때문입니다. 욕망은 물질이나 권력, 쾌락 등 외형적 가치만을 쫓는데 여간해서 만족할 줄을 모릅니다.

진실된 목표를 세우고 성실하게 노력한 대가를 받아서 분수에 맞게 사는 사람은 굳이 누구에게 빌 필요가 없습니다.

원인에 의해 결과가 생깁니다. 문제의 원인이 자기에게 있다면 스스로 고치고 노력하지 않으면 안 됩니다. 자연의 법칙은 누구에게나 공평합니다. 심은 대로 거둡니다. 선을 행하면 선의 결과가, 악을 행하면 악의 결과가 나옵니다. 바른 마음을 갖고, 열심히 노력하니 신행을 해야 하는 이유가 여기에 있습니다.

　인간의 운명은 스스로 판단하고 노력하여 만들어 가는 것이지, 신이나 귀신이나 인간이 간여할 부분이 아닙니다. 세상에는 노력없이 되는 것이 없습니다. '하늘은 스스로 돕는 자를 돕는다.'는 격언은 자신의 운명은 자신이 열어가야 한다는 뜻과 맞닿아 있습니다. 맹자는 '사람으로서 할 일을 다 하고 천명을 기다리라'고 했습니다.

　노력대로 얻는 것이 천리입니다. 콩을 심으면 콩을 얻고, 팥을 심으면 팥을 얻습니다. 천국과 지옥은 자기 마음이 만듭니다. 사람은 마음이 중요합니다. 마음이 삶과 죽음을 결정합니다. 사람은 자기 능력대로 열심히 노력하여 얻은 대가로 자기 분수에 맞게 살아야 합니다. 자기 능력대로 분수에 맞게 살아야 마음이 편하고 그래야 떳떳합니다. 복은 '받는 것'이 아니라, '짓는 것'이라는 말이 정답입니다. 뿌린 대로 거두고, 심은 대로 나온다. 내일의 내가 궁금하면 오늘의 나를 보라는 것입니다.

'숭배'의 참 의미를 생각해 본다
- 21세기 과학문명시대에 숭배의 참의미 상고해 봐야

얼마 전 모임을 통해 모 종단을 방문하였습니다. 그 규모가 어마해서 안내인을 따라다니기에도 힘이 들었습니다. 한 건물에 이르자, 안내인은 우리에게 옷깃을 여미라고 당부하였습니다. 성전이라고 하였는데, 문은 굳게 닫혀져 있었습니다. '이 건물 안에 무엇이 있느냐'고 물었더니, 'ㅇㅇ신이 계시며, 특별한 행사 때에만 예복을 입고 들어가 예배한다.'고 하였습니다.

신도로 보이는 한 사람은 그 건물 앞에서 머리를 90노로 조아리며 열과 성을 다해 무언가를 기원하였습니다. 자못 정진해 보였습니다. 밀지 마음에는 여러 생각이 일어났습니다. '과연 신은 인간과 같은 감성을 지닌 존재이며, 인간의 바람에 부응할 수 있을까. 인간의 숭배를 어떻게 생각할까. 감성이 있다면 지나친 숭배에 부담스러워하고 불편해하지는 않을까'하는 자문자답이었습니다.

영국의 철학자 허버트 스펜서는 '인간은 삶이 두려워 사회를 만들었고, 죽음이 두려워 종교를 만들었다'고 했습니다. 인간은 불완전합니다. 그래서 초자연적인 능력을 가졌다고 생각하는 것들을 숭배하며 자위하고 도움을 받고자 합니다.

두려움이 숭배 만들어

원시인들은 이해할 수 없는 자연 현상들을 숭배하였습니다. 폭풍우나 홍수, 지진·화산 같은 자연력을 숭배하였습니다. 바위나 산, 나무·동물들도 숭배하였으며, 하늘의 해·달·별을 숭배하였고, 특별한 인간을 숭배하며 종교적 숭배의 대상으로 삼았습니다. 중국에서는 삼국지의 영웅들을 숭배하고 있습니다.

'잘난 사람'이 되고자 하는 사람은 자신을 드러내는 것을 무척 좋아합니다. 숭배 받는 것을 좋아합니다. 자신이

'숭배의 대상'이 되기를 원합니다. 특히 일부 신흥종교 교주들은 호화롭게 치장하고 숭배받고 있습니다.

근래 시진핑 중국 국가주석의 숭배열풍이 불고 있는데 역풍을 맞고 있습니다. 시진핑의 모교인 칭화대학의 한 교수는 "개인숭배는 지능 수준이 낮은 것"이라며, "그동안의 개혁과 개방성과를 깎아 먹는 일"이라고 강력 비판하였습니다. 시진핑 초상화에 먹물을 끼얹는 사건도 일어났습니다.

2016년 11월 25일 타계한 쿠바의 혁명가이자 정치가이며 독재자로 일컫는 피델 카스트로는 숨을 거두기 전 명언을 남겼습니다. "나를 숭배하지 말라. 나를 기념하는 어떤 것도 만들지 말라." 49년 전권 독재자 이미지와는 전혀 다른 유언입니다.

가르침대로 실천하여 자신을 알고 자신을 똑바로 세워야

과거 미개문명시대에 존재했던 애니미즘이나 토테미즘, 샤머니즘은 오늘 이 시대에도 남아 있습니다. 인간의 지적수준에 따라 숭배의 대상이 달라지고 있습니다. 숭배 대상이 자연물에서 인간과 신으로 이동했을 뿐입니다.

'숭배'란 '우러러 공경한다.'는 뜻입니다. 훌륭한 사람을 기리며 그의 가르침을 숭배하는 것은 나쁘다고 할 수 없을 것입니다. 그러나 교조를 신 따위의 종교적 대상으로 신앙히는 것 보다는 교조의 가르친대로 실천하여 자신을 알고 자신을 똑바로 세워야하는데 관습에 얽매여 숭배에만 매달린다면 어리석고 한심한 인생이 되고 만다는 것입니다.

"사람이 만일 온 천하를 얻고도 제 목숨을 잃으면 무엇이 유익하리요. 사람이 무엇을 주고 제 목숨과 바꾸겠느냐", "우주주관 바라기전에 자아주관 완성하라"는 교조의 가르침이 의미가 있다고 생각이 되어 집니다.

저도 한때 8성 초를 켜놓고 10년 동안 기도 정성을 들였습니다. 금식하고 철야하며 정성들이면 신통력도 얻고, 만사형통할 수 있다는 관습을 믿었기 때문입니다. 그러나 성인들의 말씀과 역사를 추적하여 공부해보니, 나 자신이 어리석었다는 것을 깨달았습니다. 관습에 젖어 나의 수준(아는 것)이 옳고 전부라고 믿고 의지했습니다.

종교인들은 물론 비종교인도 관습적으로 어렵고 힘든 일이 닥치면 신을 찾고 자신의 문제가 풀리면 '신이 도왔다.'며 신을 찬미합니다. <진인사대천명 盡人事待天命> 사람이 할 수 있는 일을 다 하지도 않고 삶은 물론 죽음까지도 신에게 달려있다고 생각하며, 관습에 젖어 신에게 매달려 어려움을 해결하고 복을 받고자 애를 쓰고 있습니다.

소크라테스는 '캐묻지 않은 인생은 살 가치가 없다'고 하였습니다. 탄허 스님은 '법당 100채를 짓는 것보다 스님들 공부시키는 것이 중요하다. 큰 인재가 많이 나와야 좋은 나라 좋은 세상이 된다.'고 하였습니다.

이즈음에 부처의 마지막 가르침을 되새겨 봅니다. "아난다여, 그러므로 여기서 그대들은 자신을 섬(등불)으로 삼고[自燈明], 자신을 귀의처로 삼아[自歸依] 머물고, 남을 귀의처로 삼아 머물지 말라. 법을 섬으로 삼고[法燈明], 법을 귀의처로 삼아[法歸依] 머물고, 다른 것을 귀의처로 삼아 머물지 말라."

인생을 망치는 중독

인간의 삶에는 순리와 법도가 있다

스마트폰 중독으로 인한 부작용이 심각합니다. 10대~40대 3명 중 1명은 하루 평균 4시간 이상 스마트폰을 손에서 놓지 않는다는 통계가 있습니다. 그로 인해 목 디스크, 수면장애, 안구건조증, 목·손목·허리 통증 등의 신체적 불편함은 물론 분노, 짜증 등 심리적으로 불안한 증세를 느끼면서도 이를 중단하지 못하고 있다는 것입니다. 스마트폰 중독으로 각종 사고가 일어나고, 정신적·육체적 장애까지 생겨나고 있는 것입니다.

세상에는 여러 유형에 중독된 사람이 많습니다. 알코올, 니코틴, 마약, 게임 등에 의한 물질중독과 도박, 경마, 섹스, 쇼핑, 음란물, 인터넷 등에 의한 행위중독입니다. 그 심각성이 매우 높아 물질중독과 마찬가지로 행위중독 역시 사회활동을 불가능하게 하거나 당사자를 파멸로 몰고 갑니다. 어떤 것에 중독되면 그것에 대한 의존성이 강해집니다. 이런 특정한 행위를 중단했을 때 금단증상이 나타나고, 그로인해 다양한 신체적 증상을 보입니다.

종교에 중독된 사람도 많습니다. 이들은 기복신앙자 들입니다. 그래서 믿음을 앞세워 비합리적인 행위를 하며 사이비종교단체에 쉽게 빠져들고, 영매자들에게 휘둘리며, 불법다단계 등에 빠져 신앙생활은 물론 인생을 망치는 경우가 허다합니다.

정신미숙아 만드는 기복신앙

무엇에 중독되면 판단력과 분별력이 없어집니다. 마치 거미줄에 걸려 옴짝달싹하지 못하는 곤충같이, 마약기운에 의존해 사는 마약중독자같이, 그것이 이끄는 대로 끌려 다니는 사람이 되고 맙니다. 자기 마음대로 못 삽니다. 아무리 마음대로 살려고 발버둥쳐도 마력이 자기 제어력을 잃고 원치 않는 행동을 하고는 고통당하며 후회합니다.

특히 종교인 주변에 귀신과 사기꾼이 득실거리는 것을 볼 수 있습니다. 종교인들이 의존성이 강하기 때문입니다. 자기 건강과 집안에 우환이 있으면 더 의존하게 됩니다. 종교인들의 저변에는 대부분 샤머니즘이 자리 잡고 있습니다. 거짓된 가르침인 기복신앙이 종교계에 널리 퍼져 있기 때문입니다. 신앙대상과의 관계보다는 자신의 유익함을 구하는 것이 목적입니다. 헌금을 많이 걷기 위해 종교지도자들이 기복을 부추기는 사례가 적지 않습니다. 기복신앙은 종교에 대한 의존성만 키워 종교인들을 정신적 미숙아로 만듭니다.

한국 내 여러 종교의 저변에는 샤머니즘이 자리 잡고 있다는 분석이 있습니다. 불교, 기독교 등 외래종교가 한국에 들어오면서 민중 속에 깊이 뿌리박힌 무속신앙과 융합되었기 때문이라는 것입니다. 그 예로 종교계에 널리 퍼져 있는 기복신앙을 볼 수있습니다. 대부분의 종교인은 열심히 교회나 절에 다니며 평화와 박애정신을 배우지만, 내면을 들여다보면 가족들의 안녕과 복을 비는 기복적 심성이 적지 않게 자리 잡고 있음을 알 수 있습니다. 특히 여성들의 기복신앙은 맹렬합니다. 자녀들의 대학입학시험 합격이나 남편의 사업번창 등을 위해 올리는 기도는 처연하기까지 합니다. 해마다 입시철이 되면 교회나 사찰 등에는 자녀들의 합격을 비는 신자들로 문전성시를 이루어 때론 노천에서 눈·비 맞아가며 백일이나 천일씩 기도하는 열성 신자도 있습니다.

    기복신앙은 신앙의 대상인 신이나 교조의 입장은 안중에도 없고, 자신의 욕구만을 채우려는 데서 불거진 이기적인 신앙체계입니다. 이는 신도들을 육체중심, 물질중심의 저급한 의식에 매몰되게 할 소지가 높아 기복신앙은 위험하고, 종교단체와 신자들을 파멸의 수렁으로 빠뜨릴 수 있습니다.

    기복신앙은 어쩌면 종교에 무관심해지고 있는 현대인들을 끌어들이기 위한 고육지책인지도 모릅니다. 사람은 누구나 자신과 가족의 안녕, 행복을 중요시 여깁니다. 기복신앙은 이런 사람들의 마음을 파고들고 있습니다. 종교지도자들이 교조의 가르침을 바르게 이해하고 가르쳐 왔다면, 기복신앙은 발붙일 수 없을 것입니다. 아무리 교회나 사찰이 크고 교인이 많아도 종교의 근본정신이 살아있지 않다면 그런 것들은 오히려 파멸의 원인이 될 수 있습니다.

종교·사람·약물 의존에서 벗어나야

고故 시정범 교수는 무속에 관심을 가지고 30여 년 동안 2천여 명의 무속인을 만났습니다. 그는 그의 저서 《영계의 사랑과 그 빛》(무속에세이)에서 이렇게 말했습니다.

"무巫가 되면 대개 현실적인 이성을 싫어하게 되고, 신神이 연인이 된다. 남편이나 부모나 자식에 대한 애정이 사라지고 의무적인 관계만 성립되는 경우가 많다. 그들은 죽은 사람과의 사랑이 이루어지고 대화가 이루어진다." 영매자들은 현실적이지 못하다는 것입니다.

사이비종교지도자, 영매자, 사기꾼들의 공통점은 자신의 말을 듣게 하기 위해 겁을 주거나, 놀라게 하거나, 혹하게 만든다는 것입니다. 달콤한 말로 사람을 조종합니다. 욕심 많고, 나약한 사람이 이들을 자기 욕망을 이뤄줄 사람으로 믿고 의존하다가 결국 이용당합니다. 이들은 사람의 사정과 고통을 모릅니다. 도와주는 것 같이 하다가 이용하고 이용가치가 없으면 외면해 버립니다. 자연만물을 창조한 조물주는 분명 존재합니다. 그러나 나타나지 않습니다. 자연의 기운과 법칙으로 인간과 만물이 살 수 있는 환경을 조성해 줄 뿐 인간과 만물의 삶에 간섭하지 않습니다. 인간 중 어느 누구를 특별히 사랑하는 것도 아니며, 만물 중 인간만을 사랑하는 것도 아닙니다. 생명체는 모두 동일한 가치를 지니고 있으며, 모두 자연법칙의 지배를 받으며 살아갑니다.

만물에는 이치가 있습니다. 순리와 법도가 있습니다. 세상에 원인 없는 결과는 없습니다. 자연만물은 모두 자존하고, 자기 노력의 대가를 얻어 삽니다. 인간도 예외가 아닙니다. 남을 해롭게 하지 않고 정당한 노력의 대가를 얻어 분수에 맞게 사는 것이 정석입니다. 콩을 심으면 콩을 얻고, 팥을 심으면 팥을 얻습니다. 악을 행하면 악이 돌아오고, 선을 행하면 선이 돌아옵니다. 노력하는 대로 나오는 것이 천리입니다. 자기가 심는 대로 거두는 것입니다. 자신의 길흉화복은 모두 자신이 만듭니다.

'하늘은 스스로 돕는 자를 돕는다.'는 말처럼 자신에게 의존함이 마땅합니다. 자기의식을 가진 사람은 자기 의지대로 움직이는 사람입니다. 이런 사람에게는 그 어떤 존재도 영향을 미칠 수 없습니다. 자기의식과 자기의지가 중요합니다. 그 어떤 자리에 있더라도 자기 눈높이[분수]에 맞추어 살아가겠다는 의지를 가져야 그 어떤 것에도 의존하지 않는 자기의식이 생깁니다. 자연의 순환대로 살면 자연적으로 복이 옵니다. 짐을 가득 실은 수레를 끄는 사람이 언덕 아래에서 사람들에게 도와달라고 외쳤지만, 아무도 거들떠보지 않았습니다. 그러나 혼자 언덕을 오르려고 안간힘을 쓰자 사람들이 몰려들어 무사히 언덕을 오를 수 있었습니다.

신이나 종교나 인간이나 귀신이나 물질에 의존하면, 그것들의 로봇이 되고, 결국에는 의존한 만큼의 반작용을 받는다는 것입니다. 의존도 성장 과정에 따라 달라져야 합니다. 어린아이는 전적으로 부모에게 의존하여 살아갈 수밖에 없습니다. 그러나 성인이 되어서도 부모에게 의존해 살아간다면 그 사람은 성인이라 할 수 없습니다.

사람이 성숙할 때까지는 귀신과 사기꾼들의 영향을 받을 수밖에 없습니다. 종교의 가르침은 개개인의 의식을 높여주어 자존하는 사람이 되게 하기 위한 것이 되어야 합니다. 종교지도자들은 신도들을 자기 종교만 붙잡고(의존하고) 살아가는 사람으로 만들려 하지 말고, 자기의식을 가지고 자연법칙에 맞게 살아가는 법을 가르쳐줘야 할 것입니다. 결국 인생길은 '무소의 뿔'처럼 혼자서 가야 하기 때문입니다.

인간의 '갑질'과 동물의 '서열싸움'
우리 사회 전반에 걸친 '갑질'을 보며

"자기보다 약한 사람을 하늘같이 대하는 사람이 하늘같은 사람"

사람들은 너나없이 돈, 권력, 학벌, 명예 등 외적가치를 쫓아 인생을 몰입합니다. 세상은 힘센 자들의 천국이요, 힘이 약한 자들에게는 지옥과 다름없습니다. 힘을 갖지 못했을 때 오는 상대적 빈곤감은 약자를 절망의 나락으로 밀어뜨립니다.

힘센 자가 되면 사람들 위에 군림하게 되고 잘 먹고 잘

사는 일을 보장받습니다. 힘이 지배하는 사회, 약자에 대한 존중과 배려가 없는 사회를 과연 인간사회라고 할 수 있을까. '소외된 사람도 잘 사는 세상'을 만들어 보겠다던 공산주의자들도 정작 힘을 갖게 되자 똑같은 함정에 빠지고 말았습니다.

근래 우리사회의 화두는 단연 '갑질'입니다. 정부가 적폐청산을 외치고 나서자, 그동안 잠재해 있던 갑질들이 사회적인 문제로 부상하였습니다. 우리 사회 전반에 걸친 갑질들이 속속 드러났습니다.

대기업 총수의 운전기사에 대한 갑질, 프랜차이즈 본사의 가맹점주에 대한 갑질, 재외 공관에서 소속 직원에 대한 갑질, 군대와 경찰에서 상급자의 하급자에 대한 갑질, 정부기관이나 공공기관 등의 산하기관에 대한 갑질, 직장 내에서 관리자의 평직원에 대한 갑질, 학교 내에서 교수의 학생에 대한 갑질 등입니다.

피해자들은 비통에 빠진 반면 피의자들은 국민적 지탄을 받고 신세를 망칩니다. 제 눈을 제 손으로 후비는 멍청이 신세가 되었습니다.

왜, 힘있는 사람이 힘없는 사람을 괴롭히는 것일까. 외면은 크고 화려하지만, 정신이 어리기 때문입니다. 육욕이 이성을 지배하고 있으니, 짐승처럼 행동하는 것입니다.

동물들의 서열싸움과 영역다툼은 생존본능입니다. 동물은 먹기 위해 살며, 먹는 것이 삶의 전부입니다. 먹이 앞에서는 부모와 자식도 없습니다. 사람들은 이런 동물을 하등동물, 짐승이라 부릅니다. 사람도 자기 인격만 존중하고 남의 인격은 무시하며, 나만 돈 많이 벌어서 호의호식하겠다고 권모술수를 쓰고, 세력을 부리는 사람은 이런 짐승이나 다름없습니다.

사람이 힘있다고 자만하고, 거만하고, 교만해지면 자기도 모르게 엉덩이에서 뿔이 납니다. 그러면 어깨에서도 뿔이 나고 머리에서도 뿔이 납니다. 이렇게 자꾸 뿔이 나면 안하무인으로 행동합니다.

사람들은 겸손한 사람을 우러러봅니다. 사람은 스스로 아무리 높아지려고 해도 높아지지 않습니다. 상대방이 높여주어야 높아집니다. 자기보다 약한 사람을 인격적으로 대하는 사람이 인격자이고, 하늘같이 대하는 사람이 하늘같은 사람이며, 자기 부모형제같이 대하는 사람이 부모형제와 같은 대우를 받습니다. 인격자는 사람을 권력이나 물질이나 지식이나 외모로 평가하지 않습니다. 선과 사랑과 진리를 가치의 척도로 삼는다. 외면적인 것들은 부수적인 것들이고, 일시적인 것들입니다.

일본 총리의 야스쿠니 신사참배를 보며

　요즘 중국 인터넷에 올라온 글을 번역한 이야기가 우리나라 SNS(소셜네트워킹 서비스)에서도 인기를 끌고 있습니다. "하나님께서는 대통령이 부족하자 만델라를 데려가셨고, 핸드폰이 없자 잡스를 데려 가셨고, 댄스 파트너가 없자 마이클 잭슨을 데려 가셨고, 운전기사가 없자 '분노의 질주'의 배우 폴 워커를 데려 가셨다. 전능하신 주여, 혹시 '개'가 필요하지 않으신가요? 아베 신조 좀 데려 가시죠!"
　이 글의 백미는 12월 26일 야스쿠니 신사를 참배한 일본 총리 아베 신조를 거론한 부분입니다. 아베의 시대착오적 돌출 행동에 중국과 한국이 공분한 모습입니다. 일본의 식자층도 우려를 나타내고 있습니다. 이러한 분위기에서 만약 야스쿠니 참배를 이해하는 내용의 발언을 했다간 매국노, 정신이상자로 몰릴 것은 뻔합니다. 일본에 강점당해 온갖 핍박을 겪은 우리 입장에서는 더욱 당연한 일입니다.

욕지거리로 아베의 행동을 비난하는 감정적 대응이 속후련하고 때론 효과적일 수도 있다고 봅니다. 그러나 일본의 입장과 정서를 알고 이성적으로 대응하며 그들의 잘못을 지적하는 것이 더 효과적이고 설득력있지 않을까 생각했습니다. 그래서 이시바시 겐이치 도쿄특파원의 야스쿠니 신사에 대한 기사를 〈매일종교신문〉 인터넷판에 올렸습니다. 일본인인 그는 야스쿠니 신사의 유래와 의미, 일본인의 정서, 그리고 참배를 둘러싼 찬반 입장을 차분하고도 명료하게 정리했습니다.

그는 8월 15일이 한국에선 '광복절'이지만 일본에선 '종전의 날'로 추도식이 이루어지는 날이라고 전제했습니다. 잘못된 전쟁으로 세계평화를 교란시킨 A급 전범을 합사한 곳에 아베 총리가 참배한 것은 잘못이라 반발하는 일본인들이 많지만, 250만 명에 이르는 조상의 영령이 있는 곳에 의례적인 행사로서 총리가 참배하는 것을 고마워하는 일본인들도 있다고 밝혔습니다. 또한 미국 군정시대에 미군이 이 신사를 태워버리려고 한 적이 있으나 당시 주일 로마교황청 대표자인 브루노 비터(Bruno Bitter) 신부가 "전승국이든 패전국이든 국가를 위해 죽은 병사들에 대해 존경할 권리와 의무가 있다"고 맥아더 사령관에게 조언했고, 그에 따라 소각이 취소된 역사가 있다고 밝혔습니다.

일본 군인들은 "죽으면 야스쿠니에서 만나자!"고 서로 약속하면서 죽어갔고, 가족에게는 "야스쿠니 신사에 와서 손을 모으고 기도하면 나를 만날 수 있다"는 말을 남겼다고 합니다. 일본인들은 죽으면 '야스쿠니신사'로 영혼이 가는 걸로 굳게 믿었는데, 어느 종교에나 있는 죽음에 대한 종교적 의례라고 할 수 있다고 했습니다.

이러한 기사를 인터넷신문뿐 아니라 SNS에도 띄웠는데 가장 많은 조회 수를 기록하며 의외의 호응을 받았습니다. 야스쿠니 참배를 이해하고 두둔한다는 비판을 받을 줄 알았는데 말입니다. 오히려 이러한 일본의 입장과 정서를 바탕으로 총리의 야스쿠니 참배에 대한 논리적이고 거시적 안목의 지적과 대응이 가능해졌다는 반응이 주를 이루었습니다.

마찬가지로 우리나라의 양분된 국정논란도 각 진영논

리의 도그마에 사로잡혀 감정적으로 무조건 단정 짓지 말고 상대 진영의 입장과 이야기도 진정으로 들어보며 이성적으로 대응해야 한다는 생각을 해 보았습니다. 그래야 진정한 소통이 가능하다고 봅니다. 철도파업, 국정원 대선개입 등 박근혜 정부의 정책를을 놓고 보수와 개혁 세대 간에 극한대립을 보이고 있습니다.

종교계에서는 그 갈등을 해소하기는커녕 오히려 불을 지피고 있는 상황입니다. 천주교 정의구현사제단의 시국미사를 시작으로 전국 각지에서 개신교, 불교, 원불교, 천도교 등의 진보 종교인들이 잇따라 시국선언에 나서고 정권퇴진 운동까지 벌입니다. 보수 종교계는 이에 대항해 '종교인 아닌 종북·정치인'이라는 매도와 함께 집회와 성명서를 연일 발표하고 있습니다.

상대의 입장과 정서, 논리를 알려고 하는 노력이 안 보이는 현실입니다. 말로는 서로 소통이 중요하다고 강조하지만 오히려 불신의 장벽만 쌓여가고 있습니다. 그러다 보니 점점 극심한 도그마의 노예에 빠져듭니다. 소통을 위한 대화가 아닌 일방적 주장으로 정면대결을 하기 때문입니다. 상대는 도저히 용납할 수 없는 고집불통, 막무가내의 진영으로 보입니다. 자기진영이 아니면 불의의 집단으로 매도합니다. 서로 '불의를 보고 분노하지 않는 것은 비겁하다'며 정의파라고 자부합니다.

　오히려 야스쿠니 신사 참배에 대한 공분보다 우리 내부에서의 진영 간 분노심과 배척이 거센 것 같습니다. 그래서 필자에겐 사안 자체보다 양편의 질시와 공방이 더 무섭게 느껴지고 혼란스럽습니다. 자신의 신앙에 충실하되 이웃종교를 이해하는 자세가 절실한 때입니다. 종교와 세상의 평화가 자리잡듯이 다른 진영논리를 그들 입장에서 알아보며 자신의 진영논리를 펼칠 때 오히려 설득력이 더해집니다. 그리고 소통과 평안의 사회가 온다고 봅니다. 종교계가 우선 그러한 모습을 보여주면 좋겠습니다.

현문우답 · 우문현답

"죽어야 천국 가요!"라는 순수한 어린이의 현답

교회의 주일학교 교사가 한 어린이에게 물었습니다. "교회에 열심히 나오면 천국 가지?", "아니요" 어린이가 답했습니다. "엄마 아빠 말 잘 듣고 공부 잘 하면 천국 가나?" 역시 "아니요"였습니다. "친구들과 사이좋게 지내고 이웃들에게 착하게 대하면 가는 거지요?" 라고 하자 어린이는 살며시 웃으며 고개를 저었습니다. "그러면 어떻게 하면 천국갈 수 있나?", "죽어야 가요!"

이러한 교리문답(?)이 교회의 목사, 성당의 신부, 사찰의 스님들을 등장시키며 '천당·천국과 어린이'라는 주제로 인터넷에 떠돌고 있습니다. 현문우답일까요? 우문현답일까요? 분명 현문을 던질 성직자들인데, 어린이의 현답을 듣고 나면 이들의 물음이 여지없이 우문이 됩니다. 그리고 '우답'일 것 같은 순진한 어린이의 대답이 '현답'으로 빛을 발합니다.

자신들의 천국과 신을 내세우며 반목, 테러와 전쟁까지 불사하는 종교의 실상을 보며 어린이의 '우문현답'을 더욱 실감하게 됩니다. 어린이 현답처럼 '죽어야 천국 가는 것'이지 천당에 가기 위해 세상을 살면서 뻔뻔하게 '죽을죄'를 저지르는 종교 세상이기 때문입니다. 순수한 어린이의 마음이 '천국에 가는 길'이란 생각을 합니다. 천국의 길을 찾아 나설 때는 이미 순수성이 사라진 것입니다. 천국에 가려는 욕심이 생긴 것입니다. 식욕·색욕·재물욕·명예욕·수면욕 등 오욕보다 더 진한 욕망일 수 있습니다. 그런 욕심으로 채워진 사람들의 천국은 천국이 아닙니다. 그런 천국은 가고 싶지 않습니다. 그곳은 바로 지옥이지요. 그래서 불교에서는 탐 진 치의 삼독심을 경계하고 있습니다.

한 고승에게 제자가 물었습니다. "스님, 어떻게 살아야 극락갑니까?" 노스님이 답했습니다. "극락가겠다는 욕심을 버리거라. 나는 그 욕심 버리는데 한 평생이 걸렸느니라." 노스님이 한 평생 살면서 다시 어린이로 돌아온 것입니다. 이에 어린애 같은 한 중생은 "아예 극락을 모른다면 욕심낼 필요가 없다"고 했습니다. 고승보다 한 수 위인 듯 했습니다. '중생이 극락을 모를 수 없다'는 반문을 하자 '극락을 안 믿는 중생'이라고 했습니다. 어느 것이 우문·현문, 현답·우답인지 헷갈립니다. 어린이에게 물어 봐야 될 것 같습니다. 그러면 '그게 뭐 중요해요?'란 현답이 나올 듯합니다.

특정 종단과 교주가 아닌 창조주신과 사람에게 도움이 되는 일은 무엇일까요? 현문일지 우문일지 모를 이러한 소망과 화두를 갖고 그동안 글을 집필했습니다.

'하나님이 하늘에 계신다'는 구절을 그대로 믿고 하늘만 쳐다보며 하나님 아버지를 부르는 것이 일상이 되어, 뒷목을 아파했던 필자를 '정신 나간 놈, 마냥 하늘만 쳐다보느냐'고 할머니한테 꾸중 듣던 부끄러운 신앙고백까지 밝혔습니다. 신령한 모임에 들어가 명산들을 찾아다니며 기도하던 일, 금식·철야기도하며 다니다가 지하철 계단에 쓰러졌던 일도 고백했습니다. 겉만 멀쩡하고 속(알맹이) 없는 필자를 누가 알맹이를 채워 준다는 말인가? 이런 모든 것들이 무지아 욕심에 의해서라고 깨닫게 되었으며, 필자와 같은 길을 밟지 않고 사람들이 미망과 현혹에서 헤어나게 하자는 취지를 담았습니다. 이후 종교간 대화, 종교타락, 종교의 덕목, 종교의 폐해, 종교개조, 종교의 초심, 종교공해론, 종교의 본질, 종교의 미래, 이단과 사이비, 종교인의 자세, 돈과 종교 등 다양한 화두에 대해 나름대로 현답을 내놓으려고 노력했습니다. 창조주신에 대한 책임과 의무를 가졌기에 경영의 어려움을 감수하고 정말 최선을 다해 힘든 작업을 해 왔다고 자부합니다. 그러나 그것이 현답이었을까요, 또 다른 도그마에 대한 욕심은 아니었을까 하고 자문해 봅니다.

사람들이 종교에서 멀어지는 이유
"믿음의 종교가 믿음을 잃고 있다"

　종교는 믿음입니다. 믿음은 사랑과 위안, 올바름과 그의 실천을 바탕으로 커집니다. 그러한 믿음을 주지 않는 종교는 사람으로부터 멀어져 갑니다. 종교 내 교권·금권 다툼, 지도자의 독선과 부패가 속속 드러나는 상황에서 사람들은 종교에서 정의로움과 믿음을 찾지 못합니다. 자신의 믿음이 최고라며 신도들을 현혹시키고 미망에 빠지게 하는 것으로 종교를 유지할 수 있겠지만 언젠가는 그

실상이 드러나게 마련입니다. 종교와 종교지도자가 스스로 독단적 신념에 빠져 자신과 자신의 종교가 최고의 가치라는 신념이 확고하더라도 결국에는 대중의 공감대를 형성하지 못하고 맙니다. 그리고 타인과 타종교를 배척하고 혐오하며 가르치려 드는 믿음의 종교는 울타리 안에서 끼리끼리의 결속력으로 잠시 융성하겠지만 스스로의 믿음에 회의를 느끼게 되며 자멸합니다. 게다가 그러한 종교간 해코지와 다툼이 지속되는 가운데 종교계 전체가 공멸합니다.

아닌 게 아니라 이러한 종교계 실상을 반영해주는 국내외 여론조사 결과가 나왔습니다. '2014 제너럴 소셜 서베이' 분석에 따르면 미국인은 2012년부터 3년간 750만 명이 종교를 떠났습니다. '종교를 선호하느냐'는 질문에는 전체 인구 4분의 1이 '관심이 없다'고 했습니다. 1990년때까지 전체 인구 대비 무관심론자들은 한 자릿수였는데, 2014년에는 23%로 무관심론자가 늘어났습니다.

한국갤럽 보고서도 10년 전에 비해 우리나라의 종교인 비율이 4% 포인트 감소한 50%였습니다. 비종교인 중 71%가 '종교가 본래의 뜻을 잃어버리고 있다'고 우려하고 있습니다. 종교인 아닌 일반 대중의 종교에 대한 인식이 종교인에게도 파급되고 있는 상황일 수 있습니다. 종교의 사회적 영향력이 축소되었다는 응답이 30년 전 68%보다 20% 이상 떨어졌으며 대부분의 종교들이 참 진리의 추구보다는 교세확장에 더 관심이 있다고 응답해 종교인·비종교인을 막론하고 종교에 대한 불신이 쌓여가고 있음을 증명해 보여주고 있었습니다.

SNS 등을 비롯한 미디어에 노출되는 종교의 모습은 대단히 부정적입니다. 종교의 덕목을 드러내주는 미담보다는 부정과 부패, 암투의 모습이 훨씬 많습니다. 비종교인은 이러한 행태를 더욱 비아냥거리고 종교인 스스로도 부끄러워하며 종교에서 멀어집니다. 그러나 종교는 스스로 개혁하기보다는 외부의 적을 찾아 내부 결속을 다지려 합니다. 각박한 세상에서 고달파 하는 사람들에게 사랑과 위안, 영혼 세계의 비전을 제시하기보다는 타종교와 교파에 대한 미움과 배척으로 내부의 곪음을 미봉하는 것 같은 행태를 보입니다. 그러나 이는 많은 사람들에게 볼썽사나운 모습이며 심지어 같은 종교인들도 식상해 하고 있습니다.

근래의 '봉은사 역명 논란'과 '이단 신천지에 대한 포격' 등에서도 그런 종교의 모습과 반응이 나타납니다. 생산적이고 미래지향적이어야 할 종교가 소모적인 활동을 하고 있으며 타 교파를 과하게 매도함으로써 그 역효과가 부메랑이 되어 돌아오는 것을 볼 수 있습니다. 2015년 3월 28일 개통해 달리고 있는 9호선 지하철 '봉은사역' 이름을 놓고 얼마나 소모적인 세월을 보냈습니까? 부활절 연합예배가 무산된데 대한 내부의 반성보다는 종교편파를 내세워 불교계를 질타함으로써 개신교계의 세과시를 보여준 것은 아닌가 하는 생각이 들 정도였습니다. 또한 종교지도자와 종교단체, 그리고 그들을 믿는 일부 신도들의 목소리였지 많은 신도들은 불필요한 논쟁으로 치부했습니다. 심지어 봉은사의 친일행적까지 들춰내며 비방했는데 이 역시 부메랑이 되어 일반인들이 전체 종교계를 대수롭지 않게 여기는 빌미가 됐습니다. 종교가 이 세상을 밝고 정의로운 사회로 이끌 수 있는 최후의 보루라는 믿음을 오히려 저버리게 하는데 일조했습니다.

CBS 방송 등 개신교계 언론들이 연일 보도하는 '이단 신천지의 실태'는 '과유불급', 일반인들의 종교혐오증을 더욱 유발시키고 있습니다. 게다가 신천지의 이단성을 강조하기 위해 보도한 '강제개종 교육과정' 역시 부메랑이 되어 돌아왔습니다. 폐쇄된 공간에서 위압적인 자세의 이단상담사와 부모의 감시 속에서 행해지는 개종교육이 바로 '마녀사냥', 그리고 '이단'의 모습이었기 때문입니다.

세상은 달라지고 있는데 종교는 여전히 단군, 예수, 석가, 공자, 무함마드 시대를 벗어나지 못하고 있습니다. 아직도 달나라의 산토끼를 찾고, 천동설을 믿는 미망의 시대에서 헤어나지 못합니다. 보편타당성이 있는 성인들의 교리는 보지 않고 교주를 중심으로 한 세상 계도에 골몰하는 듯합니다. 믿음을 주는 종교보다 종교지도자의 권위와 종교의 세력이 우선인 듯합니다. 종교화합의 표방도 그러한 자세에서 이루어지고 있습니다. 종교는 교세와 권위보다는 사랑과 위안, 올바름과 그의 실천을 통해 이루어지는 믿음이 으뜸입니다. 그 믿음이 있음으로 종교인은 더욱 종교인다워지고 비종교인도 종교로 돌아오게 된다는 것을 직시해야 합니다.

교주 신도와 맹신 신도

"모든 종교가 우주종교, 모든 종교인들이 교주가 돼야"

세상만사 원인이 없는 결과가 없듯이 필자는 그 원인의 주체를 창조주, 신, 하나님으로 믿고 있는 입장이다. 하나님의 실존에 관해 최근 계룡산에 주석하고 있는 불교 종단의 원로 큰스님과 인터뷰 하는 과정에서 나름대로 소견을 피력했습니다.

그러자 "하나님이 어디에 있느냐?" "하나님은 누가 창조했는가?"하고 원로 스님이 물었습니다. 스님은 "아인슈타인은 앞으로 우주 종교가 나와야 한다. 기독교는 우주 종교가 아니다"라는 아인슈타인의 말을 인용해 원로 스님은 종교가 보편타당성이 있고 과학적으로 입증되는 논리로 말해야 한다는 의미를 부여한 것입니다.

  원로 스님은 "이미 세상은 크게 달라져서 신도가 성직자의 지식을 앞지르고 신도가 교주가 되었는데, 이런 현실을 파악하지 못하고 교주나 성직자는 특별한 영험이 있거나 능력이 있는 것처럼 행세하다가는 추락한다" 이것이 오늘날 종교계 현실이라 했습니다. "지옥이 있습니까?"라고 묻자. "무간지옥이 있다"고 했습니다.

  현대에서 종교란 구원이나, 영생이나, 복을 추구하는 수단이 되어, 신을 자기 필요에 따라 편리대로 이용하고 있지 않은가? 오늘을 사는 우리는 과거나 현재의 현실을 체험했고 목도하고 있기 때문에 우주종교가 절실히 요구됩니다. 논리적 사고나 과학적 입증이 결여되고 사고력이 좁고 지식이 약한 사람들은 그래도 맹신은 할 수 밖에 없습니다.

  복잡하고 난해한 것은 도무지 무슨 소리인지 조차도 몰라서 편하게 신을 믿는지도 모릅니다. 그런데 세상의 이치를 많이 알수록 신기하고, 신비스럽고, 완벽한 것 같은 것들이 사실은 별것이 아니며, 그것들은 아직까지 완벽하지 않다는 것을 알 수가 있습니다.

문자에 파묻혀 있는 일부 기성교인들이나 신흥종교 맹신자들은 무지에서부터 비롯됩니다. 무지에서 비롯된 맹신은 쉽게 빠져 나올 수가 없습니다. 마약에 중독된 것과 똑같다고 보면 됩니다. 그들은 스스로가 중독되어 있다는 사실도 전혀 느끼지 못합니다.

신흥종교 뿐만 아니라 기성종교까지 맹신을 조장하고 맹신자들을 양산하여 가정과 사회에 피해를 주는 경우도 있습니다.

선량한 이웃에게 피해준 것에 어느 교주나 성직자가 사과와 용서를 빈 적이 있습니까? 결국 그 책임을 하나님에게 돌리고 있지 않습니까? 어쩌면 종단을 유지하기 위해선 '교주 신도' 보다는 '맹신 신도'가 많은 것이 경제적 논리로 본다면 합당하기 때문입니다.

몇해 전 새벽에 신흥교단 건물에 괴한이 침입해 기물을 파손한 현장에 가 본 일이 있습니다. 기물이 파손된 현장에는 목사 사모가 울고 있었고, 교회 관계자들이 나와 경찰과 수습하고 있었습니다. 현장에서 난입하여 기물을 파손한 범인을 붙잡았던 것입니다.

범인은 불과 100m 거리에 위치한 이웃 교회에 다니는 신도였습니다. 사고 당일 주일 날에 담임 목사가 이단 사이비라는 설교를 한 것을 듣고 행동한 것이라고 했습니다. 그의 부모와 교회에 신도가 저지른 사고에 대해 원상복구와 재발방지를 요청했으나 교회는 모르쇠로 일관했고 부모는 아들이 평소 일탈행동을 많이 해서 변상할 수가 없으니 알아서 처리하라고 했다고 합니다.

예배시간에 목사가 호명하여 앞에 세워놓고 휴학하고 전도단에 합세한 학생을 자랑했습니다. 하나님의 뜻을 위해 헌신하는 학생과 같이 성도들도 이렇게 살아야 한다는 것입니다. 예배가 끝나고 목사를 만나 "어린 학생 지도가 잘못된 것이 아니냐"고 말했더니 "칭찬해 주지 못할망정 그런 말하면 됩니까"하는 것입니다.

그 학생을 찾아 만나보니 대학교 1학년 여학생이었습니다. "학교까지 휴학하면서 전도한다는 것은 잘못된 판단이고 오히려 하나님을 위하여 하는 것이 아닙니다. 주위에 친구들이나 부모에게 걱정 끼치는 것이다"고 조언하는 나를 그 여학생은 의아하게 생각했습니다.

'자기들이 독단적으로 규정한 이단 사이비 교회가 나라 법에 저촉한 일이 있으면 증거 수집을 하여 고발해 나라 법으로 처리할 수 있게 해야지, 경건한 예배시간에 이단을 심판하는 설교를 한다면 이런 사고는 계속 일어나겠구나' 하는 생각이 들었습니다. 더불어 어린 신도들을 앞세워 설교하는 목사도 사회문제라는 생각이 들었습니다.

한 통계에 따르면 한국 전체 인구 중에 비종교인이 50%나 됩니다. 그런데 종교인들은 우리나라 전체 인구가 모두 종교인인양 착각하고 있습니다. 비종교인이 이렇게 많이 있다는 사실을 전혀 모르고 있는 것 같습니다. 그 종교인들이 50% 중에서도 가톨릭, 개신교, 불교 등으로 분산하고 보면 0.5%~10%도 안 되는 소수의 자기 교단이라는 사실을 자각해야 할 것입니다.

냉철하게 각 종단은 실체를 돌아보고 실력과 실속은 없으면서 허세를 부린다는 것을 깨달아야 합니다. 사실에 바탕을 두어 진리를 밝혀 사실적 실천과 행동으로 당면한 명제에 대답해야 할 것입니다. 비종교인이 우리 사회에 더 많다는 것을 인지하고 맹신자 행동으로 인해 우리 사회에 피해를 준다면 맹신자와 소속 종단이 함께 책임과 피해 보상을 하게 하는 풍토가 정착되어야 할 것입니다. 종교인들은 교주가 되어 세상을 따라가지 말고 뒤처지지 않고 앞서 모범을 보이는 종교가 되어 하늘·땅·사람 모두에게 유익하게 해 주길 소망해 봅니다.

'순종이 제사보다 낫다'의 맹점

　유일신 종교들은 하나님에 대한 순종이 신앙의 제1 덕목입니다. 성경은 하나님에 대한 순종의 여러 사례를 적시하고 있습니다. 순종한 자는 복을 받고, 불순종한 자는 벌을 받았습니다. 마치 권선징악소설을 보는 듯합니다. 여기에서 압권은 단연 아브라함의 순종입니다. 아브라함은 이들 종교에 믿음의 조상으로 하나님은 아브라함 3대의 순종에 감동한 나머지 자신은 '아브라함의 하나님, 이삭의 하나님, 야곱의 하나님이다'고 선언했습니다. 아브라한이 순종은 따를 사람이 없을 징도로 질내적입니다.

아브라함은 "고향과 친척과 집을 떠나 내가 네게 지시할 땅으로 가라"는 하나님의 말을 믿고 목적지도 모른 채 고향 갈대아 우르를 떠났습니다. 또한 100세에 낳은 자식을 번제 드리라는 지시에도 망설임 없이 칼로 자식을 치려고 할때 하나님은 "네가 네 아들 네 독자까지도 내게 아끼지 아니하였으니 내가 이제야 네가 하나님을 경외하는 줄을 아노라"며 감격하였습니다. 언뜻 보면, 하나님은 무지하여 상식이나 지각이 전혀 없는 신 같습니다.

성경에는 아브라함과 정반대되는 인물도 있습니다. 불순종의 대명사로 불리는 사울 왕입니다. '순종이 제사보다 낫다'는 말을 낳게 한 장본인으로 하나님은 사울 왕에게 "아말렉을 쳐서 그들의 모든 소유를 남기지 말고 진멸하되 남녀와 소아와 젖 먹는 아이와 우양과 낙타와 나귀를 죽이라"고 지시했습니다. 그러나 사울과 백성은 가장 좋은 가축과 모든 좋은 것을 남기고 가치 없고 하찮은 것만 진멸했습니다.

하나님은 자신의 말에 순종하지 않은 사울을 왕으로 세운 것에 후회하였습니다. 이럴 수도 없고 저럴 수도 없어 처신하기 곤란해진 사울 왕은 "가장 좋은 것을 남긴 것은 하나님에게 제사하기 위함"이라는 궁색한 변명을 늘어놓았습니다. 이에 사무엘은 '순종이 제사보다 낫다'고 책망했습니다. 이 사건으로 하나님은 사울을 내치고 다윗을 왕 자리에 앉혔고, 사울은 자살로 생을 마감하였습니다. 사무엘 상 15장에 나오는 이야기입니다.

'사랑과 감동' 없는 '순종' 없다

사울 왕과 이스라엘백성은 애초부터 하나님의 말에 순종할 마음이 없었습니다. 사욕에 눈이 멀어 있었기 때문입니다. 사람은 대부분 자신의 잘못은 감추고, 잘한 것은 부풀려 선전하려는 경향이 있습니다. 어찌 보면 생존전략이라고 할 수도 있습니다. 솔직히 잘못을 시인하기란 쉽지 않습니다. 체면이 손상되기 때문입니다. '나를 위해 한 것이 아니라 하나님을 위해 한 것'이라고 해야 자신의 행동을 정당화할 수 있습니다. 그래서 속 다르고 겉 다른 이중적인 태도를 취하는 것입니다. 기독교지도자들은 사울 왕의 위선을 반면교사로 삼고, 신도들에게 순종을 가르치고 있는 것입니다.

'순종'의 사전적 의미는 '순순히 따름'이다는 것입니다. '순순히'란 '성질이나 태도가 매우 고분고분하고 온순하게' 라는 뜻입니다. 사람은 누구나 자신을 높이고자 하기 때문에 남이 자기에게 이래라 저래라 간섭하는 것을 아주 싫어힙니다. 순종을 강요하면 강하게 반발합니다. '나에게 순종하라'는 말은 곧 '너를 부정하고 나를 긍정하라'는 말이니 다름없습니다. 사랑과 감동을 주지 않고 순종을 바라는 것은 욕심입니다.

그러나 남을 자신과 같은 인격체로 여기지 않는 자들은 힘이나 여러 수단을 동원하여 강제로 무릎 꿇리고 자기 말을 듣게 만들려고 합니다. 무릎 꿇린 자는 승리감을 만끽하지만, 무릎 꿇은 자는 자아가 무너지는 고통을 당합니다. 이런 행동은 사람으로서 차마 할 행동이 아닙니다. 이것은 인권 유린입니다.

성경은 믿음을 강조합니다. 믿음과 순종은 뗄레야 뗄 수 없는 관계입니다. "믿음으로 저희가 홍해를 육지같이 건넜으나 애굽 사람들은 이것을 시험하다가 빠져 죽었으며"(히 11:29), "주께서 가라사대 너희에게 겨자씨 한 알 만한 믿음이 있었다면, 이 뽕나무 더러 뿌리가 뽑혀 바다에 심기 우라 하였을 것이요. 그것이 너희에게 순종하였으리라."(눅 17:16)

경계해야 할 맹신

하나님은 현실에서도 여전히 자신에게 절대 순종하는 사람을 찾아 헤매고 있습니다. 우직한 사람이 그 대상입니다. 자의식이 있는 사람은 하나님에게 순종하지 않으려고 합니다. 하나님이 하라는 대로 하려면 자유가 없을 뿐 아니라 삶에 아무런 도움도 되지 않고, 힘이 든다는 것을 알기 때문입니다. 하나님도 인간의 순종이 어렵다는 것을 알고 있습니다. 그래서 순종하면 복을 준다며 유혹하는 한편 불순종하면 분노하고, 징벌하고, 죽이면서 순종하게 만들려고 했던 것입니다.

하나님은 왜 인간에게 순종을 요구하는 것일까요. 인간을 통해 자신의 뜻을 이루기 위함입니다. 기독교인들은 하나님에게 순종하는 것이 곧 하나님의 은혜와 긍휼을 받는 길이라고 믿습니다. 하나님은 자신에게 순종하면 모든 복이 임한다(신 28:2)고 말합니다. 하나님은 은혜 줄 자에게 은혜를 주고, 긍휼히 여길 자에게 긍휼을 베풀며(출 33:19), 자신을 사랑하고 자신의 계명을 지키는 자에게는 천 대까지 은혜를 베푼다(출 20:6). 레위기(26:3~46)에는 하나님의 계명을 지키면 받을 복과 지키지 않을 시 닥칠 벌을 명시하고 있습니다.

기독교의 지도자는 자신은 하나님의 종이자, 하나님 대신자임을 자처합니다. 이는 하나님적 권력을 위임받았음을 암시합니다. 여기에서 경계해야 할 것이 있습니다. 자칫 잘못하면 사울 왕처럼 하나님이 준 권력(?)을 자신의 욕심 채우는 데에 이용할 수 있다는 점입니다. 사신의 본분을 잊고 하나님 자리에 올라앉아 신도들에게 '순종이 제사보다 낫다'며 자신에게 순종할 것을 요구하는 지도자가 됩니다.

　종교근본주의, 금권화와 대형화, 정치 권력화, 종단 이기주의, 기복신앙은 신도들에게는 물론 사회에도 악영향을 끼칩니다. 정도를 벗어난 종교는 사람에게 해로울 뿐이지, 이익 될 게 없습니다. 전도와 헌금 갹출로 외적 성장에 열을 올리고, 자신의 우상화놀음에 신권神權을 휘두르는 지도자의 말에는 결연히 불순종해야 합니다. 하나님은 불신하고 사울 왕에게는 순종한 이스라엘백성의 전철을 밟아서는 안 됩니다.

천리의 법칙에 예외는 없다
- 종교도 시대의 변화 대처 못하면 쇠퇴한다 -

필자는 때때로 글을 씁니다. 비판하고, 계도하는 글도 있습니다. 필자의 글을 읽은 모 종단 지도자가 내게 물었습니다. "왜 좋은 말은 놔두고, 부정적인 말만 골라서 하는가?" 틀린 말이 아닙니다. "좋은 말씀은 성직자나 교사, 혹은 사회지도층에 있는 사람들이 점잖고 건설적인 말씀만 하는데 성직자도 아니고, 교사도 아닌 필자가 똑같이 좋은 말을 할 필요가 있습니까? 나는 내 눈에 보이는 현상 그대로를 말하는 것입니다"라고 말했습니다.

　누구나 말하고 싶지만 말하지 못하고 심중에 담아두고 있는 말을 종교언론인 입장에서 필자가 대신 하는 것일 뿐입니다. 필자는 까고 비판하는 글을 쓰기에 앞서 과거, 현재, 미래를 견주어 보면서 객관성있게 글을 쓰고자하는데 부족한 점이 있을 수 있다는 것을 느낄 때도 있습니다.

　사람들은 비판하는 사람을 삐딱한 사람으로 봅니다. 하지만 비판은 '사물의 옳고 그름을 판단하여 밝히거나 잘못된 점을 지적하는 것'으로 긍정적입니다. 기독교인들이 구세주이자 하나님으로 믿고 있는 예수는 "비판을 받지 아니하려거든 비판하지 말라"고 권면했습니다. 비판하면 비판을 받고, 그러면 서로 좋은 관계를 맺을 수 없기 때문입니다. 하지만 예수는 저주도 했습니다.

　예수의 가르침과 행적을 담은 4대 복음서는 예수의 유대교인들에 대한 비판이 상당부분 차지합니다. 유대교인에 대한 증오와 비하, 차별성 발언이 곳곳에서 발견됩니다. 예수는 사랑을 강조하면서도 유대교지도자들을 신랄하게 책망했습니다. 그들을 악하고, 음란한 세대로 규정했습니다.

　대제사장과 장로들을 양의 옷을 입고 노략질하는 이리로, 불법을 행하는 자라고 규탄했습니다. "세리와 창기가 그들보다 먼저 하나님의 나라에 들어간다"고 독설을 퍼부었습니다. 서기관들과 바리새인들에 대해서도 "저들의 행위를 본받지 말라. 천국에 들어가지 못하게 하는 자요, 겉은 깨끗하나 속은 탐욕과 방탕으로 가득하고, 외식과 불법이 가득한 자"라고 지탄했습니다. 또한 "독사의 자식들로 지옥의 판결을 피할 수 없으며, 땅 위에 흘린 의로운 피가 다 그들에게 돌아간다"고 저주했습니다.

예수의 '비판하지 말라'는 말은 잘못된 것을 지적하지 않고 좋은 게 좋다는 식으로 눈감아 주어야 한다는 그런 의미는 아닙니다. 교리나 교조의 가르침도 부패한 자들을 외면하라고 하지는 않습니다. 지금의 종교현실을 예수의 눈으로 보면, 회칠한 무덤 같을 것입니다. 토마토 하나가 썩으면 주위의 토마토도 썩습니다. 종교지도자의 잘못을 방치하면 종교단체가 저자거리 좌판이 되고 맙니다.

부패한 지도자는 독버섯과 같은 존재입니다. 다른 영혼들까지 망가뜨리고, 잘못된 길로 인도합니다. 사람은 육적 욕망에 따라 살면, 영혼이 여물지 못해 인격이 쭉정이가 되고, 허수아비가 됩니다. 모양은 사람이지만 그 속에는 사람의 인격이 들어있지 않습니다.

의식이 낮고, 나약한 정신을 지닌 종교지도자는 육적 욕망에 따라 삽니다. 자연히 위선자가 됩니다. 속인과 하나도 다를 게 없습니다. 권력과 돈과 쾌락을 쫓아가는 종교지도자는 성전에서 장사하는 자들입니다. 교조와 종교를 망쳐 사람들이 등을 돌리게 합니다. 프란체스코 가톨릭 교황은 '주교성추문사건'에 대해 사과하고 용서를 구했습니다. 가톨릭교회의 망신입니다.

종교는 스스로 세상의 빛이라고 말합니다. 세상은 종교지도자에게 엄정한 윤리적·도덕적 잣대를 들이댑니다. 종교지도자가 되려면 육적 욕망을 내려 놓고 살아야 합니다. 종교가 빛을 잃으면 사람들의 손가락질을 받고, 성전은 신과 교조를 파는 가게가 되고 맙니다.

시대는 수없이 변했으나 종교 현실은 변하지 않았습니다. 중세시대나 현대사회나 다를 게 없습니다. 종교인들은 자신의 종교법이 세상법 위에 있는 것으로 착각하고 있습니다. 종교도 시대의 변화에 대처하지 못하면 쇠퇴합니다. 천리의 법칙에 예외는 없습니다.

종교란 어떤 의미인가?

인간의 행복과 평화를 부정하는 종교나 철학은 없습니다. 문제는 내 종교 내 철학으로 단일화 하려는 것이 인류의 행복과 평화를 가로 막는 것 입니다.

迷妄

동물을 기르는 목자는 동물의 살만 찌게 먹이고 키우면 되지만, 사람을 가르치는 목자는 신도들에게 선과 사랑과 진리의 새 생명을 줘야 합니다.

설교

    한 때 신도들은 종교지도자의 말씀을 그대로 믿고 따르는 것을 당연히 여겨왔습니다. 하지만 요즘에는 그렇지 않은 것 같습니다. 현실성 없는 말은 터무니없이 거짓되고 실속이 없어 관심이 없고, 자기 말만 하는 것은 일방적인 주장에 불과하다고 생각하기 때문입니다.
    이제는 이해와 공감을 통해 마음의 문을 열어야 받아들이는 시대가 되었습니다. 이것은 신도들의 의식수준이 높아졌다는 것을 뜻합니다. 하지만 안타깝게도 종교지도자들은 이러한 신도들의 변화를 인식하지 못하고 있는 것 같습니다. 무조건 교리에 따르라, 지도자의 지시에 따르라는 말만 한다고 푸념하는 신도가 많습니다.

신도 입장 고려치 않은 일방적 설교

급변하는 세상에서 불안과 위기의식으로 스트레스를 받고 찾아온 신도들의 입장은 고려하지 않은 채 일방적인 설교만 한다는 것입니다. 실업자가 되어 밥은 굶지 않고 사는 신도가 있을까, 어떤 어려움에 처해 고통 받고 있는지 등에는 관심이 없고, 온통 자기주장만하고, 세상에 교세를 자랑하기에 여념이 없다고 비판합니다. 그러나 종교 지도자들은 이러한 질타를 외면하고 있습니다. 지탄의 소리가 점점 '종교혐오'로 바뀌어 가고 있다는 사실을 인식하지 못하고 있습니다.

그러면 변화무쌍한 시대에 사는 신도들에게 어떤 설교가 바람직할까요. 먼저 현실성이 있어야 합니다. 그리고 상식에 부합해야 합니다. 눈앞의 현실적인 문제를 직시하고 그에 적합한 행동을 할 수 있도록 계도해야 할 것입니다. 또한 자연만물과 이웃에게 도움을 주고 자신을 돌아보게 하는 설교가 희망을 주는 설교일 것입니다.

이 시대의 사람들은 현실적입니다. 사리판단이 명확합니다. 그러기에 이상적이거나 추상적인 설교에는 등을 돌립니다. 상식에도 어긋나고 현실과도 동떨어진, '전설의 고향'에서나 들을 법한 설교는 먹히지 않습니다. 오히려 스트레스만 가중시킵니다.

'많이 알아야 선해진다.'는 소크라테스의 가르침

청년시절 어느 목사님으로부터 '목사의 똥은 개도 먹지 않는다.'는 말씀을 들었습니다. 종교지도자의 삶이 그만큼 어렵고 힘이 든다는 의미일 것입니다.

제가 오랫동안 신앙생활을 해오면서 깨달은 것입니다. 종교지도자는 경전연구에만 몰입하기보다는 여러 종교를 두루 공부하고, 인생과 우주를 연결해 주는 여러 학문, 예컨대 사회과학이나 심리학, 신체의학, 미래과학 등의 공부도 해야 한다는 것입니다. 여러 종교와 학문을 공부해야 인간과 세상을 객관적으로 볼 수 있을 것입니다. 그래야 선전과 선동의 설교가 아닌, 신도들의 삶에 도움이 되는 설교를 할 수 있습니다.

그리스의 대표적인 철학자 소크라테스는 '많이 알아야 선해진다.'는 명언을 남겼습니다. 그 의미가 무척 크다고 봅니다. 종교지도자가 인간과 세상에 대해 아는 것이 적고, 영적수준이 낮으면 외면적인 가치만을 중시하고, 자화자찬의 설교를 할 수밖에 없습니다. 지도자의 자아성찰과 자아주관 없이는 신도들을 올바른 길로 인도하지 못할 것입니다. 종교지도자 스스로가 본이 되는 삶을 통해 따르는 신도들이 감동을 받는다면 그 자체가 최고의 설교로 다가올 것입니다.

천도교의 해월신사법설 <삼경>에는 이런 말씀이 있습니다. '한울 공경은 사람 공경을 통해서만 가능하다. 사람을 공경하지 않으면 한울을 공경한다고 할 수 없다.' 오늘날 이 말씀을 종교지도자들과 함께 음미해 보고 싶습니다.

종교지도자의 군림과 신도의 복종

종교지도자가 잘못하면 사기꾼이 된다

"우리 주위에는 신과 귀신이 있다. 이 방 안에 귀신이 많다. 신은 좋은데, 귀신이 문제다. 나는 귀신을 다스리고, 좋은 신이 협조하게 해서 사람의 액운을 해결할 수 있다. 지도자가 고통 받는 신도들의 문제를 해결해 주지 못하고 있지만, 나는 상담을 통해 다 해결해 주고 있다.

부처는 한 분이지, 둘이 아니다. 잘못 가르치고 있다. 종단본부는 주민들에게 봉사하는 센터와 같은 곳인데, 신도들 위에 군림하려고 한다."

얼마 전 필자에게 신통력이 있다는 노스님이 한 말입니다.

부처는 신통력은 진리를 성취함에 있어 삿된 것이기 때문에 제자에게 신통력을 행하지 말라고 가르쳤습니다. 진리로 바른 길을 인도해야지, 신통력으로 신도들을 자신에게 의존케 해서는 안 된다는 말씀입니다. 이치에 합당하지 않기 때문입니다.

필자와 노스님과 대화 중 여신도가 외국 가는데 인사드리러 왔다고 하니 스님은 들어오라고 하였습니다. 40대로 보이는 여인은 합장하며 노스님께 큰절을 3번하였는데, 마치 부처께 예불하는 것 같았습니다. 노스님은 여신도의 머리에 손을 얹고 기도하는 모습이 권위적이었습니다. 마치 '나는 이런 사람이다'라고 자신을 나타내려는 것처럼 느껴져 씁쓸했습니다. 학승이나 선승, 고승과는 거리가 멀어보였습니다.

종교마다 온유하고 겸손한 자리에 들어가라고 가르칩니다. 종교지도자는 더욱 낮은 자리에 들어가야 합니다. 그런데 스님은 자신이 마치 부처인 것처럼 행세했습니다. 스님은 부처의 제자이고, 목사는 예수의 제자입니다. 부처와 예수의 제자는 자신을 낮추고 대신 부처와 예수를 높여야 옳습니다. 부처와 예수를 팔아 자신을 높이는 지도자는 부처와 예수를 모욕하는 사람이 됩니다.

문득 사마천의 사기열전에 나오는 제나라 재상 안자와 그 마부 얘기가 생각났습니다. 재상 안자는 수레를 타고 외출할 때는 늘 고개를 푹 숙이고 겸손하게 앉아 있었는데, 그 마부는 제 세상이라도 만난 듯 고개를 뻣뻣하게 쳐들고 의기양양하게 수레를 몰았습니다. 마부의 아내가 그 모양을 보고 마부에게 이렇게 말했습니다. "당신이 모시는 안자 나으리는 겸손하고 점잖은데, 마부인 당신은 그토록 거들먹거리니 소가 웃을 일이요."

'달을 가리키면 달을 봐야지, 왜 손가락 끝을 보고 있나'는 말처럼 종교지도자 중에는 마치 자신이 달이라도 되는 양 달을 가로막고 달 흉내를 내며 달 대접을 받으려고 하는 사람이 있습니다. '승려'란 부처의 법을 배워 부처의 말씀을 전해 주는 사람이고, '목사'란 예수의 말씀을 배워 예수의 말씀을 전하는 사람이다. 승려나 목사는 부처처럼, 예수처럼 살지 않으면 그 자격이 없습니다.

종교지도자들은 저마다 '구원 면허'를 가지고 있는 듯 행세하며 돈과 사람을 끌어 모읍니다. 종교지도자들에게 양심이 살아있다면 호화로운 교회당이나 법당, 사원을 지어놓고 그 안에서 창시자를 팔아 자신과 종교의 배를 채우는 설법이나 설교를 할 수는 없는 것입니다.

신도들을 자기 종교 속에 가둬놓고 자기 하수인으로 부리려는 종교지도자는 진정한 지도자가 아닙니다. 종교지도자가 신도들로부터 추앙받고 모심을 받으면 우상이 되고, 교만 방자하면 마귀가 마음에 들어가서 교조나 신처럼 행동하게 만듭니다. 자기 명예를 얻고, 영광 받기 위해 신과 교조를 파는 사람은 마귀의 종입니다. 하나님과 부처님 대접을 받으면 하나님과 부처님의 자리에 들어간 것이고, 하나님과 부처님같이 행세하면 하나님과 부처님 자리에 들어간 것이 되며, 신도들을 종으로 부려먹는 것도 하나님과 부처님 자리에 들어간 것과 같습니다.

교회와 절은 인격을 닦고 남을 돕는 것을 배우는 곳이고, 종교지도자는 하나님과 부처님의 가르침대로 신도들이 인격을 닦고, 남을 돕는 사람이 되도록 인도하는 사람입니다. 그런데 신도가 자기의 인격을 닦고 남을 돕는 일은 배우지 않고, 지도자에게 의존하여 지도자를 하나님, 부처님처럼 떠받들거나 지도자가 신도들에게 하나님과 부처님의 뜻대로 가르치지 않고 돈을 생각하고, 자신을 높여서 우상이 되려하고, 세력을 키워서 자기를 나타내려고 하면 신도와 지도자 모두 하나님과 부처님과는 상관없는 이단아가 되고 맙니다.

하나님과 부처님의 자비와 사랑을 팔아먹고 사는 지도자는 선을 팔아 악이 되는 사람입니다. 선의 종교가 변질되어 정체가 모호한 집단이 되어가고 있습니다. 무종교인들에게 손가락질 받고 있으니, 하나님과 부처님이 눈을 뜨고 볼 수 없을 것입니다. 병고치고, 귀신 쫓아내고, 신도를 많이 모이게 하는 것이 중요한 것이 아니고 하나님과 부처님이 같이 할 수 있는 신도들로 만드는 것이 중요합니다.

종교지도자가 잘못하면 사기꾼이 됩니다. 예수와 부처의 제자를 자처하면서 예수와 부처의 인격은 닮지 않고 권력과 금력을 쫓으며, 신도들에게 추앙받고 군림하려고 하면 사기꾼이 됩니다.

의식이 낮은 신도들은 종교지도자를 신이나 교조처럼 떠받들고 의존하면서 신격화시킵니다. 자신을 무력하다고 생각하여 종교지도자에게 의존하며 복종합니다. 그것은 자존감이 낮기 때문입니다. 자신의 우주적인 가치를 알아야 합니다. 누구에게도 종속되지 않고 자기 힘으로 기쁘게 사는 것이 신과 교조에게 보답하는 것이고, 감사드리는 것입니다. 종교는 성숙한 인간을 만드는 것이 목적입니다. 종교지도자는 신도들에게 이러한 세상의 이치를 가르쳐야 합니다.

종교의 미스터리

평화와 행복, 서로 자기만 좋으려하는데
어떻게 정착이 되겠는가

우리 속담에 '남의 염병이 내 고뿔만 못하다'는 말이 있습니다. 자기가 아플 때는 펄쩍펄쩍 뛰면서 남의 고통에 대해서는 무덤덤하기 때문입니다. 사람은 누구나 자기 안위를 최고로 여깁니다. 자신의 욕구충족을 삶의 제1순위로 삼으며, 자기의 유익만을 쫓습니다. 생존을 위한 본능이라 생각하면 이해는 됩니다.

하지만, 나만 생각하는 이런 인생관은 자신의 인격을

부패시키고, 타인에게 피해를 입힙니다. 자신만을 생각하는 사람은 마음의 평화를 잃고 심신의 장해가 발생합니다. 나쁜 일도 따라 들어오게 됩니다. 나만을 생각하면 매사가 잘 풀리지 않을 뿐더러, 결국 자신의 심성을 파괴하고 맙니다.

이보다 더 중요한 것은 남에게 지탄을 받게 되고, 남에게 피해를 준 것 만큼의 대가를 지불해야 한다는 것입니다. 콩 심은 데 콩 나는 자연의 법칙은 예외가 없습니다. 자기가 심은 대로 거두게 마련입니다. 나 위주의 삶은 결국 마이너스 인생이 되고, 자손에게까지 고통을 대물림하게 됩니다.

세상이 평화롭고 행복하지 못한 것은 사람들이 제 이익만 챙기기 때문입니다. 자기 욕심만 찾다보면 상대적으로 피해를 보는 사람이 생기기 마련입니다. 서로 자기만 좋으려고 하는데 어떻게 평화와 행복이 정착되겠습니까.

세상에는 불합리한 일들이 만연되어 있습니다. 매년 수천만 명이 굶어죽고, 10억여 명이 하루 1달러 미만으로 연명합니다. 살상과 파괴가 끊이지 않습니다. 각종 질병, 도덕적 타락, 범죄, 테러와 전쟁 등으로 많은 사람이 고통당하고 있습니다. 이는 물질과 쾌락과 권력을 쟁취하기 위한 그릇된 경쟁이 빚어낸 것들입니다. 모두 나만 좋으

종교의 미스터리

면 그만이라는 욕심의 산물입니다. 인생의 난문제는 사람의 마음에서 욕심만 걷어내면 즉각적으로 해결이 가능합니다.

세상의 난문제는 욕심의 산물

종교는 세상의 문제를 직시하고 이웃사랑을 강조합니다. 기독교에서는 '네 이웃을 네 몸과 같이 사랑하라'고 권면하고, 힌두교에서는 '이웃을 자신처럼 생각함으로써 올바른 행동 규범을 얻게 된다'고 말하며, 불교에서는 '다른 사람을 위해 덕을 실천하는 사람만이 행복해 질 수 있다'고 가르칩니다. 유교도 '이웃과 화합하고 형제들과 의롭게 살라'고 합니다. 이슬람교 또한 '이웃과 형제를 자신과 같이 사랑하지 않으면 믿는 자가 아니다'고 역설합니다.

가르침은 이타주의를 부르짖지만 이기적이고, 사랑을 말하지만 증오심에 불타고 있습니다. 자기 종교의 이익을 위해서라면 상식 밖의 행동도 불사합니다. 무서운 집단이 되어 독선적이기까지 합니다. 자기 종교 외에는 아무 것도 인정하지 않습니다. 근래의 사건 두 가지를 들어봅니다.

지난 10월 우리나라 기획재정부가 때 아닌 '이단 인정' 논란으로 난감한 상황에 빠졌다는 보도가 있었는데 일부 기독교계에서 '이단에게도 세금을 걷는 것은 정부가 나서서 사이비종교 집단을 공인해 주는 꼴'이라며 반발하였습니다.

한국기독교총연합회 등 보수 개신교가 모인 '개신교 종교인 과세 태스크포스'의 간사를 맡고 있는 박요셉 목사는 "소득세 조금 더 걷겠다고 유사종교까지 제도권 안으로 들이자는 졸속정책"이라며 "이로 인해 벌어질 종교 갈등에 대해선 전혀 고려하지 않고 있다"고 정부를 비판했다고 합니다. '세금'과 '이단'을 연계시킨 것이다. 어안이 벙벙합니다.

이슬람 여성의 '부르카 논쟁'도 뜨거운 감자입니다. 캐나다 퀘벡 주에서 통과된 공무원 복면 착용 금지법이 전 세계적으로 일고 있는 부르카 논쟁에 불을 지폈습니다. 공공장소에서의 부르카 착용 금지를 지지하는 진영은 공공안전을 보호하고 서방사회의 가치를 수호하기 위해 이런 법이 필요하다고 주장합니다. 반면 무슬림권익단체 등 인권단체들은 이 법이 이슬람 규율 상 얼굴을 외부로 드러내지 못하게 되어 있는 무슬림 여성을 직접 겨냥한 법이라고 반대합니다.

'자존욕의 틀' 못 벗어난 종교

벨기에서는 2011년 공공장소에서의 복면 착용이 전

면 금지됐습니다. 법안이 통과된 직후 벨기에에 거주하는 무슬림 여성 2명이 사생활 및 종교의 자유침해를 들어 유럽인권법원에 소송을 제기했지만 법원은 지난 7월 '공존', '타인의 권리와 자유 수호'의 이유를 들어 벨기에 정부의 손을 들어주는 판결을 내렸습니다.

이슬람 국가를 방문하는 타국 국민들에게는 이슬람 율법을 따를 것을 강요하면서 자신들은 다른 나라의 규율을 따르지 않겠다는 것은 이기적이라는 비난을 받고 있습니다. 자기들의 종교와 문화와 풍습은 존중받기를 바라면서 남의 나라의 종교와 문화와 풍습은 무시한다는 것입니다.

사람들이 '나만 생각'하는 욕심의 인생관을 버리고 '남도 생각'하는 양심의 인생관을 가지면 이 세상은 평화롭고 살맛나는 세상이 될 것입니다. 남을 이롭게 하고, 진실되게 사는 평범한 사람들이야말로 세상을 지탱하는 힘이요, 모두가 존경하고 추구해야할 인간상이기에 단연 종교가 앞장서야 합니다.

동물세계에서 강한 동물이 약한 동물을 잡아먹는 것은 죄가 아닙니다. 약육강식의 먹이사슬이 구조화돼 있기 때문입니다. 사람은 다릅니다. 동물은 자기의 고통만을 느끼지만, 조물주가 사람 마음에 남의 고통도 느낄 수 있게 심어놓은 양심이 있습니다. 조물주를 모르는 자들에게도 양심은 내재되어 있습니다. 이것은 가려져 있을 뿐, 닦으면 누구나 드러나게 돼 있습니다.

양심이 살아있는 사람은 즉각적으로 남의 고통을 자신의 고통처럼 느낍니다. 굶주린 자 곁에서 혼자 배불리 먹을 수 없고, 자기의 유익을 위해 남을 해롭게 할 수 없으며, 남의 머리 위에 올라가 군림할 수 없습니다. 남을 나처럼 존중하고 베풀고자 하는 마음이 저절로 우러나옵니다. 그러나 양심이 없거나 죽어 있는 사람은 동물성만 발달해 자신의 고통만 느낄 뿐, 남의 고통은 전혀 이해하지 못합니다. 저 초원의 맹수를 보면 약한 동물이 비명을 지르는데도 뜯어먹으며 자기 뱃속을 채웁니다. 사랑이 없는 자는 사람의 탈을 쓴 맹수와 다름없습니다.

사랑에 대한 욕구는 인간이 의식하든, 못하든 우리 마음 깊은 곳에서 끊임없이 샘솟고 있습니다. 사랑은 주어도, 주어도 기쁘고 싫증이 나지 않습니다. 사랑의 기쁨은 세상 그 어떤 것보다 큽니다. 사랑하는 상대가 기뻐하는 것을 보면 자신의 기쁨보다 더 큰 기쁨이 옵니다. 사람에게서 사랑을 빼버리면 하등동물과 다를 바 없습니다.

자기중심의 삶에는 남을 배려하는 마음이 없습니다. 자기중심은 악의 시초입니다. 종교인들의 신앙과 수행의 목적은 자아보다 높은 자비와 사랑의 윤리적인 차원으로 나아가고자 함이여야 됩니다. 그런데 종교는 지금까지도 '자존욕이 틀'에서 벗어나지 못하고 있습니다. 그래서 '이 기적이다. 바로 종교의 미스터리'다라고 생각해 보았습니다.

사기꾼·종교꾼·말
말이 진리가 아니라 행동이 진리다

1997년에 일어난 IMF 경제위기는 우리 사회 전체를 뿌리째 흔들어 놓았습니다. 많은 기업이 문을 닫았고, 실업자가 늘어나는 등 경제가 크게 위축되었습니다. 이때 혜성같이 나타난 구세주가 바로 주○○였습니다. 그는 JU라는 다단계업체를 만들어 실의에 빠져있던 많은 사람에게 현실적으로는 불가능한 이익을 주겠다는 희망의 메시지에 사람들은 환호했습니다. 이 업체에 연관된 모 종단 교인들은 '영적구세주는 ○○○이고, 물질구세주는 주○

O'라고 선전하며 교인들을 끌어 모았습니다. 그러나 얼마 지나지 않아 희대의 사기극으로 드러나 주○○는 사기죄로 수감되었고, JU에 재산을 날린 수만 명의 희생자가 발생했습니다.

이어 등장한 조희팔은 대한민국 역사상 가장 큰 규모의 피라미드 사기 사건의 용의자로 이슈가 된 사람입니다. 경찰 추산으로는 4조 원의 피해액에 5만 명의 피해자가 있으며, 자살한 피해자만도 30여 명에 이르는 것으로 알려져 있습니다. 피해자 단체 '바른 가정경제실천을 위한 시민연대'는 조희팔의 사기 행각으로 발생한 피해액이 8조 원에 이르며, 조희팔은 피해 금액 중 적어도 2조 원 이상 챙겼을 것으로 보고, 2008년 11월 수배되었으나 중국으로 밀항 이후 2011년 12월 19일 유가족들이 중국에서 장례식을 치르는 모습의 동영상과 사망진단서를 공개해 사망했다고 알려왔으나 이 역시 확실치 않습니다.

이들 사기꾼은 많은 사람의 생명과 같은 돈을 갈취하는데 말로 했습니다. 이들이 가진 것은 말뿐이었습니다. 이들의 셈법은 특이했습니다. 마력이 깃들어 있었습니다. 그렇지 않다면 어찌 '사슴을 가리켜 말'이라고 하는데도 그 말을 믿고 속아 넘어갈 수 있었겠습니까.

신성불가침권이라는 종교는 어떻게 생겨난 것일까. 말

이 그 근원입니다. 종교 역시 말과 뗄래야 뗄 수 없는 관계입니다. '구원', '복', '천국' 이 3두 마차에다 새 시대 도래와 새 지도자 탄생이 뒤따릅니다. 그리고 말로 사람들을 끌어 모아 세력을 넓혀 갑니다. 종교꾼과 사기꾼의 공통점은 자신이 말한 것을 이룬 것이 없다는 점과 말로가 좋지 않다는 점입니다.

'망상'을 사실로 받아들이는 신앙

신은 형체가 없고 말로 자신의 존재감을 드러냅니다. 신의 말은 영매가 아니면 들을 수 없습니다. 그래서 교조나 교주 대부분이 영매 출신입니다. 신의 말 속에는 신의 기운과 뜻이 깃들어 있습니다.

기독교의 경우 기독교인들의 행태를 보면, 하나님의 말의 위력을 짐작할 수 있습니다. 성경의 하나님의 말과 이적기사 등은 대부분 실현 불가능한 것들인데 신도들은 '믿지 못할 것을 믿는 것이 믿음'이라며 사실로 받아들이고 있습니다. 몇 가지 예를 보면 기독교인들은 '예수가 세상을 심판하기 위하여 재림할 때 죽은 자가 살아나고, 산 자는 공중으로 들어 올려 주를 영접한다.'는 성경의 말을 그대로 믿고 밤이나 낮이나 그 때를 학수고대 하며 황당한 일을 빌이기도 합니다.

신약성경 데살로니가전서에서 사도 바울은 예수가 하늘에서 내려올 때 '하나님이 나팔 소리'가 울릴 것이라고 말했습니다. "그리스도 안에서 죽은 자들이 먼저 일어나고, 그 후에 우리 살아남은 자들도 그들과 함께 구름 속으로 끌어올려 공중에서 주를 영접하게 하시리니"(살전 4:16~17). 이렇게 천상에서 주를 만나는 것을 공중 들림, 즉 휴거라고 부르는데, 원래는 환희라는 뜻입니다.

한국의 다미선교회는 1992년 10월 28일 밤 자정에 이 휴거가 일어난다고 한동안 소란을 피웠으나 해프닝으로 끝나고 말았습니다. 이 사건의 주요 메시지를 요약하면 "1992년 10월 28일 자정에 예수가 공중에 나타난다. 전 세계에서 믿음이 깊은 신도들만 천국으로 순간이동 하는데 국내에서는 11만 6천 명이다. 제3차 세계대전이 발발하고, 여러 난리 때문에 1992년에서 1999년 동안 인류의 9할, 50억 명 이상이 죽는다"는 충격적인 말입니다. 30대의 한 여성은 "가족들이 신의 뜻에 따를 수 있도록 해 달라"는 당부를 남기고 자살했습니다.

또한 성경은 "예수는 성령으로 잉태했다"(마 1:20)고 말합니다. 그래서 예수는 인간의 자식이 아니라 하나님의 독생자라고 주장하며 휴거에 버금가는 기상천외한 사건이 우리나라 인천시에 있는 한 교회에서도 이런 기적(?)

이 일어났습니다. 그 교회 담임목사와 여신도가 여신도의 남편으로부터 불륜 의심을 받은 나머지 유전자 검사를 받았는데, 결과는 99.99% 목사의 아들로 판명되었습니다. 그러나 이들은 '하나님이 주신 아들', '기도만 하여 낳은 아들'이라며 성령 잉태를 주장하고 있습니다.

'아브라함 자손'

하나님은 자신에게 절대적인 믿음을 보인(이삭번제) 아브라함에게 감동하였다. "…네가 이같이 행하여 네 아들 네 독자도 아끼지 아니하였은즉 내가 네게 큰 복을 주고, 네 씨가 크게 번성하여 하늘의 별과 같고 바닷가의 모래와 같게 하리니, 네 씨가 그 대적의 성문을 차지하리라. 또 네 씨로 말미암아 천하 만민이 복을 받으리니, 이는 네가 나의 말을 준행하였음이니라 하셨다 하니라."(창 22: 15~18)

그러나 유대인들은 세계 방방곡곡에 흩어져 유리방황하며 수백만 명이 죽임을 당했고, 유대교인은 소수에 불과합니다. 아브라함의 자손 유대교 · 기독교 · 이슬람교인들은 서로 원수가 되어 싸우고 있습니다. 이런 와중에 미국 대통령 트럼프가 판도라의 상자를 열어 버렸습니다. 예루살렘은 이스라엘의 수도라고 선언한 것입니다. 하나님이 세상 종말의 서막을 연 것인가. 유일신 교인들은 외양간에서 나온 송아지마냥 날뛰며 세상을 아수라장으로 만들고 있습니다(말 4:1~2).

  신과 교주, 종교지도자의 말을 믿고 따라가지 말고, 행동을 보고 따라가야 합니다. 말이 진리가 아니라 행동이 진리이기 때문입니다.

종교가 중요한가, 인간이 중요한가?

삶의 의미를 자신에게 두라

몇 년 전 기독교인들과 이스라엘 성지를 순례하고 온 적이 있습니다. 예루살렘은 유일신 하나님을 믿는 3종교(유대교·기독교·이슬람교)의 성지입니다. 성지는 거룩한 땅, 거룩한 장소를 의미합니다. 그러나 예루살렘은 거룩한 곳이 아닙니다. 종교적 유물에 대한 각 종파의 소유권 분쟁으로 반목과 대립이 끊이지 않는 곳입니다. 교조와 관련된 모든 것을 거룩하게 포장해 놓고 자신들의 종교석 욕낭을 재우는 수단으로 이용하고 있습니다.

'예수무덤교회'의 경우 안쪽으로 통하는 출입구는 하나뿐인데 이 문에 대한 권리는 두 무슬림 가정이 행사하고 있습니다. 내부의 권리를 행사하고 있는 작은 형제회나 그리스정교회 등에는 이 문을 열고 닫을 수 있는 권리가 없습니다. 교회 건물에 대한 권리는 주로 그리스 정교회, 아르메니아 정교회, 가톨릭(작은 형제회)이 행사하고 있습니다. 콥트정교회, 시리아정교회, 아비시니안(Abyssinian) 등은 소수 그룹으로서 작은 권리를 행사합니다. 1832년까지 이 무덤교회에 입장하기 위해서는 입장료를 내야 했습니다.

유대교인과 이슬람교인이 자기 종교의 복장을 한 채 한 자리에 앉아 있는 것을 보았습니다. 모두 어색해 하며 안절부절해 하는 모습을 보는 내가 더 불편하였습니다. 이들은 한 하나님을 믿고 조상도 한 조상입니다. 하지만 한 형제가 아닙니다. 적대관계입니다. 예루살렘 주민들의 표정은 굳어 있고, 거리에는 총을 든 군인들이 감시하고 있었습니다. 분위기가 살벌하여 언제 테러가 일어날지 모르는 긴장감이 감돌았습니다. 그러나 순례객들은 끊임없이 몰려듭니다. 이곳 순례를 일생의 소망으로 삼고 오는 사람들은 모두 마음이 들떠 있는 것 같았습니다.

예루살렘 성지를 순례하는 내내 모두들 종교적 망상에

사로잡혀 교조와 종교적 유물에 의미를 부여한 채 이상한 행동을 하고 있는 것 같아 안타까웠습니다. 교조의 정신이 중요하지, 종교적 유물이 무에 그리 중요할까. 누가 이들을 이렇게 만들어 놓았을까. 교조를 우상화하고, 유물을 종교적 욕망의 산물로 만들어 놓은 것 들을 보고 한탄했습니다.

욕심의 종교지도자에게 속지 말아야

종교가 믿는 자에게 주는 영향력은 대단합니다. 종교가 삶을 지배합니다. 교조와 종교를 위해 자신의 목숨도 버릴 수 있게 합니다. 교조와 종교가 자신에게 복을 주고, 구원해 주고, 천국에 보내준다고 믿게 만들었기 때문입니다. 따라서 신도들은 종교지도자가 교조와 경전을 이용하여 먹고 살고, 세력을 키우기 위한 방편으로 삼아도 모두 종교적인 것으로 믿고 순순히 따릅니다.

교조와 경전을 팔아먹고 사는 지도자는 사기꾼입니다. 교조와 경전을 믿으라고 하면서 교조의 뜻대로, 경전대로 가르치는 것이 아니라, 돈을 생각하고, 세력을 키워서 자기를 나타내려고 하면 교조와 경전과 아무 상관이 없습니다.

종교는 인산의 외면보다 내면을 중시하며 '천국도 지

옥도 너의 마음에 있다'고 가르칩니다. 천국을 멀리서 찾지 말라는 뜻입니다. 삶의 의미를 교조나 경전이나 종교적 유물에 두지 말고 자신에게 두라는 뜻입니다. 그러나 자기 욕심에 놀아나는 지도자는 신도를 교조와 교단에 의존하게 만들어 이용합니다.

'믿음으로 구원받았다'는 교리만으로는 결코 천국티켓을 보증할 수 없습니다. 인격을 갖추지 못한 사람이 단지, 교조와 종교를 믿었다는 조건만으로 복을 받고, 구원을 받고, 천국에 간다는 가르침은 이치에 맞지 않습니다. 이런 주장은 사람들로 하여금 자기 종교의 교조와 종교를 믿게 하기 위한 미끼와 같은 것입니다. 기업의 상품판매를 위한 허위·과장광고나 다름없습니다. 사람을 끌어들이기 위한 유혹입니다.

신과 교조와 종교에 의존하여 권력과 명예를 얻고, 병고치고, 돈 벌려고 하는 것도 욕심입니다. 종교인의 기도는 신과 교조에게 의존하여 높은 자리에 앉고, 돈 많이 벌어서 군림하려는 내용이 대부분입니다. 모두 자기 욕심을 채워서 남보다 더 잘 되려고만 합니다. 이런 현상은 종교지도자들의 부추김에 의해 더욱 심화되고 있습니다.

종교지도자들이 달라져야 되는데, 입만 앞섰습니다. 종교가 말 팔아먹고 사는 종교가 되어 말 장사하는 사업체가 되었습니다. 마음은 추하고 더러우면서도 입으로는 거룩하고, 좋은 말만 골라하니, 여우와 늑대와 능구렁이가 되어간다는 것입니다.

바르지 못한 정신을 바른 정신으로 바꾸어야 하고, 바르지 못한 마음을 바른 마음으로 바꾸어야 하며, 올바르지 못한 생활을 올바른 생활로 바꾸어야 합니다. 사람이 바꿔져야 구원받습니다. 말로만 하는 것은 소음이며 소리만 요란합니다. 사람이 달라져야 세상도 달라지며 사람을 구원해야 세상이 구원됩니다.

사람은 진실되게 살지 않으면, 영혼이 여물지 못해 결국 껍데기가 되고 허수아비가 됩니다. 모양은 사람이지만 그 속에는 사람의 열매가 들어있지 않습니다.

종교지도자의 현실감각

"시대변화에 대처하지 못하면 세상이 염려하는 종교"

 필자는 얼마 전 모 종단에서 본부의 대형교회를 거주 지역별로 교인을 분산하는 문제가 있어 회의에 참석해 달라는 통지를 받고 갔습니다. 교구책임자와 교인들 간 논쟁이 끝임 없이 이어져 교구장이 고통 받는 것 같고 금방 끝날 것 같지 않아 보다 못해 발언권을 얻어 문제의 핵심을 짚고, 이에 대한 대안을 제시했으나 교구책임자는 결정할 수 없으니 지역 총책임자를 만나 논의하자는 결론을 맺고 해산했습니다.

지역 총책임자가 '다음 날 오전 10시 30분 만나자'는 연락이 와서 그날 10시 10분 회의장에 도착해 대기하고 있었습니다.

지역 총책임자는 종단에서 유능하다고 인정받아 새로 부임한 지도자입니다. 그는 10시 30분에 회의장에 나와 인사를 나누고 계속 설교(?)를 했습니다. 설교가 시작된 지 1시간 이상 지났는데도 아랑곳하지 않고 계속하고 있었습니다. 필자로선 12시에 약속이 있어 먼저 나가야 할 상황이어서 함께 참석한 한 원로 분에게 시계를 가리키며 본론에 들어가자고 말씀드렸더니 제지하여 본론에 들어갔습니다. 필자는 문제의 핵심 내용을 설명하며 논의가 가능한지 반문하니, 한마디로 불가하다는 것입니다. 나는 더 이상 거론할 필요가 없다고 판단이 되어 "알겠습니다" 하고 회의장 밖으로 나왔습니다.

1시간이 넘도록 그의 '설교말씀'을 듣고 있으려니 안타까운 생각마저 들었습니다. 종교지도자로서 처음 만난 사람에게 한마디라도 더 가르쳐주고 싶은 뜻으로 설교를 하겠지만, 요즘 정보통신의 발달로 인터넷이나 SNS(사회관계망) 등을 통해 이미 알고 있는 내용을 자아도취에 빠져 시간가는 줄도 모르고 열변을 하는 것이었습니다.

'만나서 회의를 하자'는 본래 목적을 잃은 것인가? 찾아온 사람에 대한 신상 정도는 파악하고 있는 것인가? 신도들을 이렇게 대해도 되는 것인가? 스스로 반문하면서 어느 종단의 최고지도자가 "자기 교인을 존중하지 않는데 세상 사람들이 존중하겠는가? 그렇게 해서 전도가 되겠는가?" 하는 말이 떠올랐습니다. 일단 자기 교단의 교인이 되면 존중하지 않고 차별하는 것이 보편화 되어 있다는 것입니다. 필자도 공동체 발전을 위해 봉사하고자하는 뜻을 한국 종교지도자에게 묵살당한 경험이 있습니다.

지도자는 현실감각이 뛰어나고 슬기와 총기 넘쳐야

모든 사람이 칠정七情, 곧 희 로 애 락 애 오 욕을 지니고 있는 것은 천성입니다. 인간은 이 일곱 가지 감정에 항상 구속될 수밖에 없는 존재입니다. 중요한 것은 그 정도의 차입니다. 곧 지나침이 크면 클수록 내면세계는 더욱 황폐해지고 사려와 시야는 점점 엷어지는 것입니다. 이렇게 되면 범인凡人에게도 문제가 있습니다. 하지만 국가 지도자와 군 지휘관들에게는 너무나도 큰 화를 가져올 수 있기에 삼가고 삼가는 것이 지혜입니다.

어디 이들 뿐이겠습니까. 각 분야의 지도자들이 모두 갖춰야 할 기본 덕목입니다. 그러하기에 제갈량도 "기쁨과 화냄의 가르침은 기뻐해서는 안 될 것은 응당 기쁘지 않다고 하는 것이 진정한 기쁨이고, 화내서는 안 될 것은 응당 화내지 않는 것이 진정한 분노이다"라고 가르쳤습니다. 냉철·침착·이성이 내재된 상태에서 갖는 깊은 생각은 돌발과 충동을 막는 모태이고 신중과 경계의 토대가 됩니다. 또한 마땅히 해야 할 것과 하지 말아야 할 것을 구분하게 해 줘서 가장 필요할 때 쓸 힘을 마련해 줍니다. 한 나라를 책임지거나 군대, 기업 또는 단체를 이끄는 지도자라면 어찌 이를 간과할 수 있겠습니까. 늘 평정심을 유지하고 속내를 적막 속에 가둬라. 조심하고 참으면서 확실한 기회를 엿보고 있는 것은 이길 수 있는 자양분임을 명심하라. 이러한 것들이 손자병법에서 우리에게 주는 교훈이고 가르침입니다. 종교를 포함해 모든 곳의 리더나 개개인도 마찬가지입니다. 이들이 자신의 기분과 느낌을 조절하지 못하고 상황판단을 하지 못한 채 불쑥불쑥 겉으로 내보인다면 어떻게 될 것인가. 이렇게 되면 매우 혼란스럽고 어려운 처지에 직면할 것입니다. 합리적인 판단 상실로 역작용이 분출돼 목표를 이룩하는 데 큰 장애가 될 수 있기 때문입니다. 무리함이 지나치면 탈이 나는 법입니다. 마음의 작용과 의식의 상태가 경도되지 말고 균형을 잡는 것은 매우 슬기로운 것임을 자각하고 실행해야 함은 인간은 감정의 동물이기 때문입니다.

'시대 변화에 대처하지 못하는 종교는 쇠퇴한다'

현대는 광속도로 빨리 변화하여 하루가 다르게 변화하는 게 오늘의 정보통신기술(ICT)입니다.

이는 우리 사회의 전 분야를 완전히 뒤바꿔 놓고 있으며 쉽게 변하지 않는 종교도 급속한 변화의 물결 속에 생존이 위태로워지고 있습니다. 이미 그렇게 되고 있습니다. '시대 변화에 대처하지 못하는 종교는 쇠퇴'(김영철 원광대교수)할 수밖에 없습니다.

흔히 '인사가 만사'라는 말을 합니다. 정치나 종교 등 각 단체에서 사람을 쓸 때 인사위원회와 같은 공식기구의 검증을 거치지 않고 인사권자 개인의 독단 또는 연줄에 의해 결정된 자가 역량을 제대로 발휘하지 못하고 해악을 끼친다면, 그 피해는 고스란히 국민과 신도들에게 돌아갑니다. 최순실 사태가 이를 극명히 보여주고 있습니다. 특히 종교단체는 모든 것이 인사권자에게 집중이 되어 있어 소속 신도들의 의중은 전혀 아랑곳 하지 않고 인사권자에게 잘 보이면 된다는 의식이 팽배해 있습니다. 오히려 일반 상식이 통하지 않는 곳이 종교단체의 구조라 할 수 있습니다. 이른바 '성역'이라는 이름으로 덮어져 있습니다. 이는 신흥교단 뿐만 아니라 기성교단의 일부 종교지도자들에서 그런 모습을 볼 수 있습니다.

다수의 종교학자들은 오늘의 한국 종교상황을 일러 '종교백화점'이라고 진단하고 있습니다. 시대변화에 대처하지 않고 현실감각이 없는 말과 행동을 종교지도자들이 한다면 오히려 세상이 염려하는 종교가 되고 말 것입니다.

종교 본질은 교조적이 아니다

― 보수·진보교단의 찬반논쟁이 보수·진보정당
다툼 떠올려 ―

　종교적이란 말이 교조적이란 의미로 받아들여지는 경우가 많습니다. 어떠한 시대나 환경, 현상에 관계없이 절대적이고 영원한 진리와 가치를 갖고 있는 것이 종교라는 인식 때문입니다.
　실상 종교가 교조적이었기 때문에 권위와 존엄성이 더해졌다고 봅니다. 이에 따라 종교지도자나 성직자들 역시 교조적으로 보이고 또한 그렇게 행세하는 경향이 있습니다. 유일한 창조주 신, 하나님의 뜻을 대신하는 심부름꾼으로서가 아니라 전지전능하신 하나님의 권위와 존엄을 그 자신에게서 드러내려는 것입니다.

목적이 어디에 있느냐에 따라 선과 악이 판별됩니다.

교조적인 종교지도자들은 몽매한 사람들을 현혹시키고 미망에 들게 합니다. 그들이 만든 교조적인 틀 안에서 생활하고 신앙하길 강요하기도 합니다. 일부 그러한 종교와 종교지도자들이 있기에 종교가 세상의 위안이 아닌 걱정거리가 된다는 비판을 받고 있습니다.

성전의 확장, 타종교 폄훼와 눈살을 찌푸리게 하는 전도, 금권·교권다툼 등 세속의 욕심을 넘어서는 행위가 갈등과 분쟁, 전쟁까지 유발합니다. 교조적 틀에 갇히게 된 몽매한 신자들을 희생양으로 삼고 있습니다. 그들은 성스러운 수난, 순교임을 자랑스럽게 여기며 영육의 희생자가 된 것입니다.

예수님은 낮은 곳에서 아프고 슬프고 연약한 사람들과 함께 하셨습니다. 부처님의 뜻은 법(진리)을 따르고 '자신의 상은 불사르라'는 것이었습니다. 무함마드는 하나님(알라)의 충실한 심부름꾼(사도)임을 내세우며 자신을 드러내지 않았습니다.

종교가 애초 교조적이고 권위적이지 않았냐는 생각을

합니다. 종교문화가 차츰 발전과 변화를 해 오면서 교조적·권위적인 면을 갖추게 됐다고 봅니다. 종교를 종교답게 하는 역할을 했다는 생각도 합니다. 그러다 보니 점점 종교가 우상화 성격을 띠기 시작했으며 급기야 하나님의 심부름꾼인 교주들에 대한 우상화도 이루어졌습니다.

'내 것만이 최고다'는 교조주의는 이기주의입니다. 창조주 신과 사람과 만물에 모두 이로운 종교가 되기 위해선 종교가 교조적이어선 안 됩니다. WCC(세계교회협의회)한국총회를 앞두고 국내 보수·진보교단이 벌이는 찬반논쟁은 마치 보수·진보정당이 벌이는 세력 다툼과 똑같이 느껴집니다. 쓸데없는 소모전으로 사람들을 허망하고 실망하게 만듭니다. "WCC가 '타 종교에도 구원이 있다'는 종교다원주의를 용인하는 것은 이단행위"라는 보수교단의 성경적 해석으로 '공산주의 찬양, 개종전도금지주의, 동성연애용인' 등을 들먹이며 개최 반대를 주장하는 것은 다분히 교조적인 것으로 보이게 합니다.

교조적일 수밖에 없는 보수교단의 신앙으로선 도저히 풀 수 없는 난제이기에 가슴이 더 답답합니다. 그래서 모든 종교가 교조적인 태도를 벗어나야 한다는 생각입니다. 종교탄생에서 그러했듯이 말입니다.

부처님이 설법하신 삼법인 중 제행무상이 마음에 와닿

습니다. '세상에 고정된 것이 없으며 모든 것은 끊임없이 변화한다'는 것은 '교조적인 자세에서 벗어남'으로 풀이하게 됩니다. 인간이 만든 것에 영원한 것이 어디 있겠습니까. 교조적인 말과 행동보다 하나님과 사람과 만물에 깃든 좋은 말과 행동이야말로 영원한 가치라고 믿습니다.

그런 의미에서 1962년 바티칸 공의회에서 요한 23세 교황이 "교회 생활의 모든 분야가 현대 세계에 '적응'하는 차원을 넘어 완전히 의식 변화를 해야 한다"고 천명한 것은 우리 종교사상 대단히 중요한 사건이라고 봅니다. 바티칸 공의회에서는 신앙의 자유, 종교와 정치의 제 역할 찾기, 다른 종교와의 대화, 전례 개혁을 비롯한 교회의 현대화 등을 촉구함으로써 교조적인 자세를 벗어났다고 보기 때문입니다.

이후 우리나라에서 조상에 대한 제사가 수용됐으며 각국의 토착화된 성모상 등장, 미사 집전에서의 모국어 사용, 평신도의 역할 부각 등 시대적 변화와 적응을 이루게 되었습니다.

바티칸 공의회의 정신을 오늘날 한국사회에 펼치는 김희중 천주교 광주대교구 교구장(한국종교인평화회의 대표회장)을 지난 6월 27일 만났습니다. 대전 한밭체육관서 열린 '이웃종교 화합주간 전국종교인회합대회'에서였습니다

종교 본질은 교조적이 아니다

다. 국내 7대종단 종교인들간의 이해와 화합, 우의를 다지는 뜻깊은 행사장이었습니다.

그는 "이웃종교의 장점과 소중한 가치를 서로 존중하자"며 "지역과 시대에 따라서 민중들이 무엇을 기대하는가, 무엇을 필요로 하는가를 알고 이에 부응하는 것이 교회가 할 일"이라고 강조했습니다. 또한 교회의 확장보다 영적 성장을 중요시하며 "하느님은 숫자와 양으로 일하시는 분이 아니다. 하느님의 뜻을 충실히 이행하는 소수 영적인 사람이 더욱 중요하다"고 해 필자를 공감케 했습니다.

종교가 교조적인 것을 벗어나 시대의 변화를 읽는 동시에 사람간의 정도 함께 나누는 훈훈한 종교가 되어야 한다는 것을 생각케 해준 만남이었습니다.

SNS와 종교 세상의 현시욕

사이버 세상에서의 정보와 소통, 인간교류가 일반매체를 압도하고 있습니다. 매스컴이 쏟아내는 뉴스와 주장보다 1인 미디어라 할 수 있는 SNS(소셜네트워크서비스; 사회관계망)가 던져주는 메시지가 훨씬 많습니다. 각 가정과 거리에서 신문과 방송 대신 스마트폰이 자리를 차지했습니다.

20세기 말 카페, 블로그, 싸이월드 등이 활성화되더니 2004년 페이스북, 2005년 트위터 등이 나타나 세계의 사이버 생태계를 점령하고 있습니다. 페이스북은 세계 11억

인구가 공유하고, 우리나라에도 가입자 수가 1,100만 명을 돌파했습니다. 토종 SNS 카카오톡과 카카오스토리는 국내에서는 페이스북과 트위터 가입자 수를 뛰어넘어 각각 3,700만 명과 3,100만 명이 사용하고 있습니다. 카톡으로 나누는 메시지는 하루 수십억 건이 되었고, 페이스북을 통해 전달되는 이야기와 정보는 이미 하루 1조 건의 조회를 넘어선지 오랩니다.

SNS에서 쏟아내는 이야기와 정보, 메시지는 일반 매체와 비교할 수 없는 다양하고 엄청난 소식을 전하고 있습니다. 크고 작은 세상 일에 위로받고 위로하고자 하는 희로애락이 담긴 개인적인 메시지를 비롯해 웃음을 선사하는 유머, 아름다운 자연의 풍경을 보여주려는 사진, 각종 사건과 사고 소식이 전달됩니다. 사회 현안에 대한 주의 주장을 퍼 나르기도 합니다. 이러한 세상이야기를 슬쩍 훔쳐보고 마는 관음증 환자도 있지만, 대부분 SNS 유저들은 자신의 존재를 타인 뿐만아니라 자기 자신에 대해서도 분명하게 드러내려는 현시욕을 갖고 있는 듯합니다. 희·로·애·락 모든 현상에서 말입니다.

그 표현이 외향적인 경우에는 더 말할 나위 없이 과시 욕망이 드러나지만 내성적인 경우에도 희로애락의 표현을 더욱 확대시켜 스스로 위로하고 때론 자학하며 카타르시

스를 느끼게 됩니다. 그래서 더욱 SNS 세상은 활기를 띠게 되는가 봅니다.

현시욕이 가장 강한 것은 그 중에서도 이념과 신앙이 아닌가 합니다. 이념과 신앙은 양보할 수 없는 절대적 신념이므로 상대에게 위화감, 거부감을 주고 때론 격렬한 마찰을 빚기도 합니다. 이념과 신앙이 같은 사람끼리는 똘똘 뭉쳐 자신들과 같지 않는 사람을 적대시하는 가운데 별도의 모임방을 만들어 더욱 자신들의 신념을 다져 나갑니다. 그리고 그러한 신념을 확산시킬 것을 결의합니다. 더 많은 사람이 SNS 세상에서 종교와 정치이야기를 꺼려 하는데도 말입니다. 그리고 이들을 회색분자, 불의한 자, 몽매한 자로 치부하며 자신의 현시욕을 점점 강화시킵니다. 물론 다양한 이념과 신앙을 들여다보고 비교해가며 자신을 성찰해 보는 사람도 있을 것입니다.

강한 현시욕은 남을 자신의 틀 안으로 끌어 들여야만 직성이 풀리는 것 같습니다. 자신의 행동과 모습을 보여주며 그저 공감하고 따라오게 하는 것을 넘어서 바로 추종하게끔 하고 싶은 욕망이 생겨납니다. 아름다운 이야기와 사진을 보여주며 함께 즐기는 차원을 넘어섭니다. 물론 자신은 있는 그대로를 보여 준다고 강조하긴 하지만 현시욕을 충족시키기 위해 은연 중 사람들을 충동하고 미혹에 빠지게 합니다.

다양한 생각이 복잡하게 짜여져 있는 SNS 세상에서 다양한 취향도 있기 때문입니다. 그리고 일부 정신이 헷갈려서 갈팡질팡하며 헤메는 사람들이 더욱 힘을 내도록 자신의 이념과 신앙을 확신하게도 만듭니다.

내 집의 강아지가 가장 예쁘고, 내 아픔이 가장 고통스럽듯이 내가 생각하는 신앙이 가장 고귀하며 내 종교에 가장 큰 사랑과 연민의 정을 품고 있습니다. 그래서 누구보다 강하게 드러내고 싶을 겁니다. 자신을 위로하고 어루만져 줄 종교를 쇼핑 나온 사람은 이러한 현시욕과 궁합이 맞을 수 있습니다.

이들이 자신의 믿음이 유일무이, 최고의 신앙이라는 지나친 믿음 내지 확신을 하게 되는 동시에 교주나 지도자들은 우상화, 신격화의 과대망상에 빠져들게 됩니다. 그래서 동서고금을 통해 각종 신종교가 계속 탄생하는 것 같습니다.

곤충들은 캄캄한 밤에 횃불을 보면 달려들어 타 죽습니다. 곤충들이 왜 횃불에 덤벼들다가 타 죽은 것일까요? 캄캄한 밤에 환한 불빛이 보이니까 태양이 떠올라 환한 줄 알고 좋아서 밝은 데로 가려다가 타 죽습니다. 구분할 줄 모르는 곤충이기 때문입니다.

종교지도자와의 대담 시리즈로 이번에는 한양원 민족종교협의회장을 만났습니다 그는 갱정 유도회의 도정(최고지도자)이지만 30년 동안 민족종교협의회장을 맡으면서 한 번도 기자들에게 갱정유도회의 교리를 말하거나 전도에 앞장서지 않았다고 합니다. 그래서 민족종교협의체뿐만 아니라 대한민국 7대 종단의 모임인 한국종교인협의회(KCRP), 종교지도자협의회의 화합활동을 지속한다는 생각을 했습니다.

그는 모든 종교 교리가 '지상낙원, 인류평화와 상생'을 지향한다는 것을 강조했습니다. 그러으로 그는 90평생을 개신교, 천주교, 불교, 유교계의 인물들을 진심으로 존중해 왔습니다. 심지어 사이비종교의 대명사로 여겨져온 '백백교'가 독립운동으로서 나름의 역할을 했다는 비화도 털어 놓음으로써 그의 포용력을 엿보게 했습니다. 그리고 자신의 뿌리깊은 정신은 스스로를 다스리는 마음자세를 의관으로, 행동으로 보여주었습니다. 강한 현시욕이나 미혹을 거부한 것입니다. 다름을 인정하고 그저 나타나는 모습으로 자기 믿음의 참모습을 보여주는 것이 참으로 아름다웠습니다.

전도퇴치 기드와 종교인의 자세

　서울대 동아리 Free Thinkers가 '길거리 전도사'에게 거부 의사를 밝힐 수 있는 '전도퇴치 카드'를 만들어 학생들에게 배포하고 있습니다. 명함 크기의 카드엔 '종교와 생각의 자유를 존중해 달라'는 내용이 담겨 있습니다. 이들은 페북(페이스북)에서 "학내 종교 동아리만 16개에 달하는데 정작 종교를 믿지 않는 대다수의 학우들이 종교집단이 내는 큰 목소리에 묻혀 종교인들로부터 피해를 볼 때가 많았다"며 동아리 설립취지를 밝혀 놓았습니다. 무신론자 혹은 세계 종말이 왔을 때 재림하는 그리스도에 거역하는 사람들의 반발을 의식한 듯 "타인에게 피해를 주지 않는 개인의 종교에 대해서는 문제 삼지 않고, 교리나 이념의 근본으로 돌아가 그것을 실천하려는 경향이 있는 사상은 경계하는 건전하고, 도덕적이며, 합리적인 사람들의 모임"이라고 소개했습니다.

젊은 사람들이 '악마의 조종'이라는 등의 항의와 협박에도 불구하고 용감하게 동아리를 만들었다는 생각입니다. 이들의 활동이 공감대를 형성해 각 대학으로 확산되고 있고 언론으로부터 주목도 받고 있습니다.

아닌게 아니라 공격적이고 광신적인 전도활동에 많은 사람들이 피곤해하는 상황입니다. 'Free Thinkers'에 비해 노골적이며 비속어와 육두문자까지 써가며 편협하고 광기어린 전도에 반발하는 경우도 많아졌습니다. 'Religion is like a penis'이란 제목의 외국 길거리 표지판이 친절한 번역을 달아 SNS 세상에 떠다니고 있습니다.

> 'Religion is like a penis.
> It's fine to have one.
> It's fine to be proud of it.
> But please don't whip it out in public and start waving it around.'

＜종교는 페니스와 같습니다. 하나 갖고 있는 건 좋습니다. 자랑스러워해도 괜찮습니다. 하지만 공공장소에서 꺼내 흔들어대지 말아주세요.＞

한국불교 선종의 맥을 이은 선승이자, 1960년~1970년대 '욕쟁이 스님'으로 유명한 춘성 스님의 일화도 요즘 부쩍 회자되며 떠돌아다닙니다.

어느 날 춘성 스님이 전차를 탔는데 '예수 믿으면 천국, 불신지옥'을 써서 들고 다니는 사람들이 스님이 탄 칸에 우르르 몰려와 이런 대화가 오갔다고 합니다.

"죽은 부처를 믿지 말고, 부활하신 우리 예수를 믿으시오. 그래야 천국 갑니다."

그러자 전차 안의 모든 사람들이 두 눈이 휘둥그레졌습니다. 춘성 스님이 기골이 장대하기 때문에 필시 싸움이 일어날 걸로 생각했습니다. 춘성 스님이 그 말을 한 사람을 가만히 올려보더니 물었습니다.

- 부활이 뭔데?
- 죽었다가 다시 살아나는 것이지요. 부처는 죽었다가 다시 살아나지 못했지만, 우리 예수님은 부활하셨소. 그러니 죽은 부처보다 부활하신 예수님이 더 위대하지 않소? 예수님을 믿으시오.

― 죽었다가 살아나는 게 부활이라?

― 그렇소.

― 그럼 너는 내 X을 믿어라. 나는 지금까지 살면서 죽었다가 다시 살아나는 것은 X밖에 보지 못했다. 내 X은 매일 아침 부활한다. 예수가 내 X하고 같으니 너는 내 X을 믿거라.

굳이 성기까지 등장시켜 이렇듯 전도에 대한 거부감을 나타내는 것은 기존 종교에 대한 비아냥이 잔뜩 배어있다는 것을 엿보게 합니다. 인구의 절반이 되는 무종교인 뿐만 아니라 심층 신앙에 다가선 종교인들마저 이러한 비아냥에 동조하고 있음을 느낍니다. 아이러니한 일이 아닐 수 없습니다. 젊은이들이 종교에서 멀어지고 있는 상황과 배경도 SNS 세상에서 보게 됩니다.

비교종교학자 미르체아 엘리아데는 무신론자를 포함해 '인간은 모두 종교인'이라 했습니다. 미지의 세계와 우주를 살아가는 연약한 인간은 근본적으로 종교를 생각하게끔 되어 있고, 따라서 '모든 종교는 근원적으로 일치하다'고 보는 것 같습니다. 그러나 근래들어 종교인과 무종교인, 타종교·타종파와의 반목이 더욱 심화되는 것 같습니다. 무신론자들의 목소리도 더욱 커지고 있습니다. 마치 이념과 빈부, 정치시회의 갈등처럼 종교의 갈등이 세속적으로 번져나갑니다. 공격적이고 광신적인 전도를 공격 타킷으로 하지만 그 이면에는 종교적이지 못한 종교이 모든 행태에 대한 환멸이 도사리고 있을 것입니다. 종교의 바람직한 활동과 역할도 억지로 떠맡게 되는 억울한 누명이 큰 걱정거리로 묻혀가는 것입니다.

    종교지도자가 바로 생활하지 못하면 사기꾼이 됩니다. 모든 종교는 "이웃을 내 몸같이 사랑하라"고 가르칩니다. 자기 교인만 사랑하고, 헌금 많이 하는 사람만 사랑하면 자기 종교와 신을 욕먹이고 이웃에게 손가락질 받게 될 것입니다.

    진정한 종교인이라면 상대의 비아냥과 비판, 공격을 귀담아들을 필요가 있다고 생각합니다. 자신의 틀이 된 내 종교, 내 생각을 벗어나 남의 생각, 남의 종교를 한번쯤 들여다 보아야 할 것입니다. 자신의 틀을 잠시 벗어나 보면 상대를 이해할 수 있고 스스로를 점검해 볼 여지가 생긴다고 생각합니다. '모든 인간은 종교인'이므로 근본적으로 일치하는 삶과 죽음에 대한 관점을 발견할 수 있기 때문입니다. 내 틀에서 벗어나려면 우선 많이 공부하고 생각하며 너그럽게 세상을 봐야겠다는 생각을 하게 됩니다.

이단과 사이비의 기준

　종교계에서 이단, 사이비란 말이 난무하고 있습니다. 이단의 사전적 의미는 '자신이 믿는 이외의 도'를 배타적 시각에서 보면 종교의 옳고 그름을 떠나 자기 종교 이외는 모두 이단이라고 할 수 있습니다. 또 다른 사전적 의미인 '전통이나 권위에 반항하는 주장이나 이론'이란 측면에서도 이단은 많을 수 밖에 없습니다.
　초기 기독교는 정통 유대교에 도발적이었기에 이단이었으며, 그리스 로마신화 체계에 도전적이었기에 로마에서도 이단이있습니다. 루디는 중세 기틀릭에 반항했으므로 가톨릭의 이단이었고, 근래 들어선 순복음교회 역시 이단이란 비난을 받으면서 한국 최대 교회로 성장했습니다. '이단'의 개념 정의로 볼 때 통일교를 비롯해 천부교, 하나님의 교회, 신천지, 엘림선교회 등 새로 등장한 종교는 모두 이단으로 취급됩니다. 기독교의 교파는 세계적으로 25,000여 개가 넘으며 모두 성서에 근거를 두고 새로운 교리가 등장하는데 서로 모순되는 내용이 많고 각각 자기네 교파에게 유리하게 해석하며 여타 교파를 이단이라고 하는 경향이 있습니다.

신라시대 토속신앙에 저항한 불교 순교자 이차돈 역시 이단이었으며, 조선시대 유교전통을 무시한 기독교는 '참살'할 양귀洋鬼이자 이단이었습니다.

이단이란 표현이 사이비로 치부되기도 합니다. 사이비 종교란 '겉으로는 비슷하나 속은 완전히 다른' 사기성 종교를 일컫습니다. 배타적일 수밖에 없는 각 신앙인의 입장에서 표현하는 '이단'을 바로 사이비종교로 몰고 가는 것입니다. 이단의 의미가 '올바르지 않은 도'로 해석되는 것입니다. '이단=사이비종교'라는 등식이 성립되고 이단과 사이비를 죄악시합니다. 서로서로 이단이라고 비난하며 갈등과 분열만을 조장하는 종교계에서 이제 '사이비의 기준'을 정해야 진정한 종교화평을 이룰 수 있다고 생각합니다.

한 블로거의 포스트에 '사이비 종교의 10대 특징'이 올려졌습니다. 종교지도자들이 자신의 종교 틀을 강요하며 신자들을 현혹시키고 불행하게 만드는 것이 주요 내용입니다. 역사적 검증과 평가, 교세의 크기와 신도 수, 주위 평판 등의 기준은 없습니다. 교인과 교인 주변 사람의 생활과 마음을 불편하게 하느냐, 해를 끼치느냐의 평가 잣대가 마음에 와 닿았습니다. 많은 신도를 거느린 공인된 '정통종교'라 할지라도 권력다툼, 세습 등의 분란으로 교인들에 막대한 정신적 물질적 피해를 준다면 그게 바로 이단이자 사이비인 것입니다. 아무리 그럴듯한 성전을 가졌다하더라도 신자들의 아픔을 보듬어주지 못하면 이단이며, 신자들에겐 법의 심판보다 하나님의 심판을 받으라면서 자신들은 소송에 휩싸여 있으면 사이비인 것입니다.

창조주 신의 뜻은 창조주 신과 사람, 만물 모두에게 좋은 세상을 만드는 것이라 믿습니다. 그 뜻에 충실하지 않으면 이단이고 사이비인 것입니다. 내가 믿는 것이 아니기 때문에 옳지 못한 사이비, 이단이 아니라는 것입니다. 사람이 종교를 이단과 사이비로 단정할 수는 없습니다. 다만 치유능력 등 교주의 신격화, 시한부 심판설, 반사회적·반윤리적 교리, 기성종교에 대한 적개심이나 증오심

유발, 무분별한 교리의 혼합 등이 사이비, 이단의 대표적 특징이라 할 수 있습니다. 전통교리에 충실한 전통종교임을 내세우거나, 이단과 사이비가 아님을 외부에 알리려 하는 행동이 창조주 신의 눈으로는 부질없는 짓일 것입니다.

무슨 종교, 무슨 교파냐가 아니라 어떤 종교, 어떤 교파냐를 보아야 할 것입니다. 한 블로거가 올린 글로 '이단과 사이비의 기준'의 맺음말을 대신하고자 합니다. "어느 종교를 믿어도 좋다. 단지 자신의 시야를 좁히지 말자. 자신이 행하는 오류를 보지 못하고, 상대방을 공격하고 상처를 주는 일만 하면서 그것이 자신이 믿는 '진리'가 시키는 것이라 생각하지 말자. 모두에게 좋은 세상을 만드는 것이 올바른 종교의 사명이다."

죽음문제에서 찾는 종교의 본질

만약 인간이 죽음을 의식하지 않았다면 종교가 생겨나지 않았을 것이라고 봅니다. 사후의 세계는 누구도 경험할 수 없는 미지의 세계이기에 더욱 두려워합니다. 제 아무리 영화를 누리더라도 인간의 한계를 절감합니다. 그래서 초자연적인 신이나 절대적인 힘에 기대게 됩니다. 구원과 영생, 환생과 부활의 세계를 동경합니다. 현세에서 고달픈 삶을 사는 사람들도 내세의 행복을 기약합니다. 그래서 인간 세상에는 수백만 개의 종교가 탄생했고, 또한 탄생하고 있는 가운데 사람들을 위로하며 신하게 이끌어 주려고 합니다.

삶의 방식 바꾸는 죽음에 대한 인식

종교를 뜻하는 'religion'의 어원은 라틴어의 'religio'로서, 초자연적인 존재에 대한 성서에 속하지 않은 서적이나 문헌과 그것을 표현하는 의례 등의 행위를 의미합니다. 종교라는 말은 원래 근본이 되는 가르침을 의미하는 불교용어입니다. 결국 종교는 초월적·절대적 존재에 대한 외경과 그에 따르는 논리와 행동방식, 의례들을 공유하는 공동체라는 종교학자들의 분석입니다. 각 종교는 지리적, 문화적 환경에 따라 나름대로 초월적·절대적 존재를 해석해 냈습니다.

유일신이냐 다신이냐, 창조주 신의 모습을 어떻게 문자화·형상화시키느냐에 따라 서로 다른 종교가 됩니다. 하늘 나라의 존재 유무와 구조를 어떻게 보느냐에 따라서, 부활과 윤회 등 사후세계를 보는 관점에 따라 새로운 종교 공동체가 태어납니다. 어떻게 살아야 구원 받고 천당을 가는지에 대한 교리 해석에 따라 공동체가 또 다시 분화되기도 합니다. 영혼의 형태, 심지어 귀신들의 존재와 성격 규명으로 다른 종교와 종파가 생깁니다. 한 공동체였던 종교가 분화된 교파의 교조주의에 젖어 갈등과 이단 시비를 벌이기도 합니다. 죽음문제를 넘어서 삶의 방향과 방식에 커다란 영향을 끼치는 것입니다.

궁극적으로 종교의 문제는 죽음과 사후세계를 어떻게 받아들이고 해석하느냐의 문제인 것 같습니다. 삶과 죽음을 사계절의 순환처럼 자연스럽게 보는 동양적 문화와 사후의 심판과 구원을 절대시하는 서양적 문화는 다른 형태의 종교를 가질 수 밖에 없습니다.

종교의식 중 가장 비중있고 엄숙한 장례의식과 절차 등 생활양식에 영향을 줍니다. 또한 포용성과 배타성 등 삶과 신앙의 자세가 틀려집니다. 종교신념을 지키기 위한 실천 방법에서 차이가 나는 것입니다.

죽음의 문제를 해결하려는 원초적 목표를 가진 종교가 이제는 정치·경제·사상·예술·과학 등 사회의 전 영역에 넓고 깊이 관여하고 있습니다. 종교의 원초적 영역인 기복과 구도에서 나아가 사회를 발전, 변혁시키고자 하는 개벽 신앙이 뿌리 깊이 자리 잡았습니다. 모든 종교의 공통된 지향점입니다. 개별 종교의 교리는 모두 이러한 사명을 명기하고 있습니다. 어느 종교의 교리가 절대적이라거나 우수하다고 평가할 수가 없을 정도입니다.

어떤 교리든 절대선, 절대진리가 아닐 수도 있으며 역실적으로 절대신, 절대 진리이기도 합니다. 그 좋은 교리를 진심으로 믿고 행하고 따르면 바로 절대선, 절대 진리가 된다고 생각하기 때문입니다. 문제는 실천인 것입니다.

종교사명 다 못해 무신론 대두

종교가 좋은 세상을 구현하는 실천을 하지 못하니 무신론이 대두됩니다. 무신론이 종교의 영역인 죽음의 문제를 깊이 있게 거론하고 세상의 호응을 얻습니다. 베스트셀러 「죽음이란 무엇인가」의 저자인 셸리 케이건 예일대 교수가 한국에 와서 "나는 영혼과 사후 세계가 없다고 믿는다"며 "죽음을 직시함으로써 현재의 삶이 소중하고 가치가 있다"고 했습니다.

오히려 종교인보다 종교적 삶을 이야기해 국내 독자들에게 호응을 얻었습니다. 이외에도 중세시대에는 죽임을 당했을 발언들이 현대에 와서 설득력있게 쏟아지고 있습니다. 「만들어진 신」을 펴낸 영국의 진화생물학자 리처드 도킨스 교수는 "아마도 신은 없을 것이다. 걱정 말고 인생을 즐겨라"라는 무신론 광고운동을 펼쳤습니다. 9·11사태 이후 기독교 근본주의, 이슬람원리주의 등 근본주의자들이 야기한 전쟁과 테러 등에 대한 반발을 가진 사람들에게 공감대를 형성시켰습니다. 프랑스의 알랭 에세이

「무신론자들을 위한 종교」를 통해 철저한 무신론자가 오히려 종교의 효용성을 부각시키는 발언으로 포용력을 보여주기도 했습니다.

그러나 그런 무신론들이 인류의 근원적인 문제를 해결해 줄 수는 없다고 봅니다. 다시 종교가 근원적인 죽음문제로 돌아가, 원초적인 종교의 의미를 되새겨 봄으로써 종교의 본질을 회복해야 된다고 봅니다. 창조주신을 향한 종교의 지향점은 하나임을 재인식할 때 종교 간, 종파 간 이해와 화합도 이루어진다고 생각합니다.

종교는 사람과 사람 사이에 철판 같은 마음의 벽을 만들어 놓았습니다. 종교가 이 세상에서 천국을 이루고자 하는 사명도 중요합니다. 그렇다고 그 방식을 놓고 진영을 나누어 갈등과 다툼을 벌이는 모양새는 좋지 않습니다. 제각각 자신의 방식이 옳다고 목소리를 높임으로써 세상을 지옥처럼 만들고 있는 게 요즘의 종교현상인 것 같습니다. 이제 패를 가르는 지나친 사회참여보다는 차분히 종교의 근원적인 문제인 죽음을 생각함으로써 종교의 본질을 회복하는 게 필요한 것 같습니다. 그래야만 천국 같은 세상이 가능할 것이란 생각도 듭니다.

'종교공해론'의 실체

　모든 종교가 추구하는 공통점은 사람을 행복하게 하는 것입니다. 그러나 종교 때문에 불행을 초래하는 사람이 속출합니다. 각종 불미스런 종교관련 사건들이 국내외에서 빈번히 발생하고 있습니다. 언론에 보도되지 않는 종교적 폐해까지 떠올리다 '종교공해'란 말까지 거북하게 들릴 수 밖에 없는 지경입니다.

　왜 종교가 이 지경이 되었는지 종교인은 물론 사회학자, 인류학자들이 나서서 분석해 볼 문제입니다. 특히 종교인들은 과연 종교공해를 야기시키는 종교적 실체가 무엇인지 다시금 돌아보아야 할 것입니다. 필자 역시 그동안 만났던 각 종단의 종교지도자, 도인 및 각 종단에서 나오는 간행물을 접하는 가운데 내 나름의 정리를 해보게 됩니다.

만약 이러한 정리가 이루어지지 않는다면 이 사회의 종교는 많은 사람들에 계도되어 미신이나 미망으로 취급받고 무신론자들의 세력은 더욱 더 커질 것입니다. 현재 한국은 60%에 달하는 무종교인이 있으며, 종교가 생활속에 뿌리박힌 미주, 유럽에서도 무종교인이 두 자릿수로 불어나고 있고, 종교건물이 경매 등으로 나오고 있습니다. 이는 국내에서도 일부 그렇습니다. 전체 인구 424만 2,048명인 뉴질랜드에서 올해 시행한 인구조사에서도 종교를 갖고 있지 않다고 밝힌 사람이 160만 명에 이르렀는데 이는 지난 2006년 인구조사 때와 비교할 때 26%나 늘어난 수치입니다. 놀라운 일입니다.

나는 종교공해가 생기는 이유를 감히 '종교지도자의 목적을 위한 신도만 있고, 사람이 없는 종교' 때문이라고 진단합니다. 사람을 편안하고 행복하게 해 주며 육신 속에 잠재하고 있는 영혼을 성숙케 하는 것이 종교의 목적인데 종교 자체와 종교지도자의 목적만 위해 사람의 평안과 행복, 영혼의 성숙이 희생당하는 것은 아닌지 염려하게 됩니다.

실상은 종교 폐해가 모두 종교의 세력확장을 위한 전도, 나만 옳다는 이단론, 교주의 그릇된 욕심 등에서 비롯된 것이라 볼 수 있습니다. 그들은 한결같이 내 종교 안에서만 평화가 있고, 통일이 있고, 행복이 있고 천국이 있다고 주장합니다. 자신만이 유일하게 하나님의 계시와 교리를 갖추었다며 사람들을 현혹시킵니다.

이들은 현세 사람들에게 추앙받고, 죽어서도 추앙받으려 표상을 나타내며 성역화하고 있는 것입니다. 자신의 종교가 종교공해를 일으키고 있는데도 불구하고 자신이 하면 '하나님의 계시'이고 다른 종교가 행하면 '사탄의 장난'이 됩니다. 지난 역사도 그러했고 오늘날에도 변한 것이 전혀 없습니다.

겉으로는 평화를 주장하지만, '나는 옳고 너는 그르다' 하여 서로 주도권을 잡기위해 싸움을 계속하고 있습니다. 그러한 기성종교를 바로잡겠다며 지금도 새로운 종교가 나타나고 있습니다. '세상을 구원하겠다, 내가 재림주다, 미륵불이다, 하나님이다'하며 실체를 드러내고 주장하는 사람이 있는가하면, 정체를 드러내지 않고 남모르게 세력을 확장하며 유도하는 존재도 있습니다.

가짜일수록 조용하지 못하고 큰 소리치고 요란하게 선전하고 떠듭니다. 진짜는 진짜이기 때문에 가만히 있지만, 가짜는 불안해서 가만히 있을 수가 없어서입니다. 욕심 많고 어리석은 사람은 큰소리치고 요란한 선전술로 홀립니다.

사람을 현혹시키는 종교의 실체를 밝혀내 밝고 좋은 세상을 만드는 게 진정한 종교인의 자세라고 생각합니다. 또한 그러한 종교를 움직이는 정체가 무엇인가 하는 근본적인 질문도 스스로 해 봐야 할 것입니다. 거기서 해답을 찾았다면 또 다른 '이단'이 되겠지만, 분명한 것은 몸이 없는 창조주 신이 진정으로 원하는 것은 '창조주 신과 사람과 만물이 더불어 행복한 세상'이며 종교를 움직이는 실체는 그러한 원칙을 전제로 해야 할 것입니다.

종말론과 스피노자

    종말론은 어떤 의미에서 종교로 인도하는 매력적인 이론입니다. 특정 종단이나 교파에서 줄곧 제기한 종말론에 현혹되어 갖가지 불상사를 야기 시켰습니다. 번번이 그 예언이 빗나갔으나 사람들은 여전히 종말론 신앙에 매료되었고, 그로인해 종교가 득세하는 것이 현실입니다.

    대개의 종말론은 성경(특히 요한계시록)을 특정 자연현상이나 사회현상에 꿰맞춰 자의적으로 해석하고 시한부 종말론을 내세웠습니다. 미국의 '다윗파'(안식교의 한 분파) '태양사원' '천국의 문' '인민사원', 일본의 '옴진리교'

를 비롯해 국내의 '오대양', '다미선교회' 등이 대표적 사례들입니다.

지난 2012년 등장한 종말론은 좀 새로웠습니다. 고대 마야인들이 역사 기록에 사용한 주기 중 394년을 뜻하는 박툰(baktun)이란 것이 있는데 이들이 사용한 달력은 기원전 3114년 8월을 시작으로 해서 13박툰이 지난 2012년 12월 21일로 끝이 납니다. 이것이 기후변화, 지축이동, 태양풍의 내습 등 과학적 예측들과 결부되어 지구종말설로 꿰맞춰진 것입니다. 국내외 언론에서 이를 흥미롭게 다루면서 감수성이 예민한 청소년층을 중심으로 발빠르게 종말에 대한 공포가 퍼져갔으며 심지어 지레 겁을 먹고 자살하는 소동까지 벌어졌습니다.

이를 소재로 한 할리우드 블록버스터「2012」가 전 세계 극장가에 올려지며 지구종말설은 더욱 성행하며 확산되었습니다. 급기야 미국항공우주국(NASA)이 공식해명하고, 특정 종교에서는 '상영불가'를 주장하는 등 진화작업에 나섰지만 지구 멸망에 대한 사람들의 두려움을 역이용한 '종말론 마케팅'에 기름에 불을 붙이는 데 일조했을 뿐입니다.

영화흥행이 성공했을 뿐 아니라 가스 마스크, 자외선 차단 담요, 태양열 발전기 등 종말대비 물품들이 불티나게 팔려 나갔습니다. 결국 이러한 소통은 말 그대로 해프닝으로 끝났습니다. 그러나 종말론은 다른 방식으로 재등장하여 여전히 이 세상 사람들의 마음을 사로잡습니다. 종말론을 이용한 교세확장과 마케팅은 인류역사에서 사라지지 않을 것이란 생각이 듭니다.

지난 2018년 9월 18일에는 지구의 종말을 두 차례나 예언했던 미국의 해롤드 캠핑 목사가 끝내 '지구의 종말'을 보지 못한 채 자신의 종말을 맞았습니다. 그는 기독교 성서에 기록된 일련의 숫자들을 수학적으로 해석해 '지구 최후의 심판일(Judgement Day)'을 예상했는데 그의 예언은 미국 뿐 아니라 남미, 중국까지 확산돼 지구 종말의 날을 앞두고 이혼하거나 자살하는 등 피해가 속출했습니다. 그만큼 많은 사람들을 현혹시켰던 것입니다. 그는 자신이 20년 동안 주장해 온 지구 종말론이 틀렸음을 시인하고 사과 성명을 발표하고 "추종자들을 잘못 이끌었으며 자신의 행동을 후회하고 있으며 사과한다"고 만천하에 밝힌 바 있습니다.

저희 매일종교신문은 '바람직한 다문화 다종교사회의 정착'을 추구합니다. 각 종교에서도 종교평화와 화합을 통해 사회적 약자인 결혼이민자와 다문화가정, 외국인 노동자 등의 문제와 해결점을 모색하고 있습니다. 이러한 활동 이야말로 궁극적인 종교의 역할이라고 봅니다. 종말론으로 사람을 미망에 빠져들게 한다든가 교세를 키우는 일보다 '더 좋은 세상 만들기'에 나서야 할 것입니다.

'내일 지구가 멸망하더라도 나는 오늘 한그루의 사과나무를 심겠다'는 스피노자의 말이 더욱 와닿게 되는 종교계의 현실입니다.

돈과 종교

　종교 헌금이 종종 법의 심판대에 오르고 있습니다. 권력을 가진 사람이 기업체 등에 압력을 넣어 헌금이나 시주를 하게 한 것이 '뇌물죄'로 적용되는 경우가 종종 생깁니다. 순수한 마음으로 헌금이나 시주를 주선한 사람은 물론 단순한 시주금으로 받은 스님까지 영어의 몸이 되는 황당한 일이 벌어지기까지 합니다.
　그런가 하면 재산 헌납으로 비롯된 가정파괴 등이 커다란 사회문제가 되기도 합니다. 신성해야 할 '신앙의 문제'가 세속의 돈 문제로 얼룩지고 세속의 심판을 받는다는 게 모순될 뿐만 아니라 종교언론을 담당하고 있는 한 종교인으로서 씁쓸한 일이 아닐 수 없습니다. 그러나 이러한 현상은 종교계에서는 이미 비일비재합니다.

종교와 돈은 이율배반적인 것 같으면서도 불가분의 관계에 있습니다. '창조주 신의 뜻'은 이 세상의 부와 영광보다 더 소중한 '정성과 마음'에 있지만, 그 '뜻'을 펼치기 위해선 성전건축, 조직의 운영과 관리 등을 위한 돈이 필요합니다.

될 수 있는 한 많은 헌금을 걷어 더 크게 뜻을 펼칠 수도 있고, 사회봉사와 운영을 위한 기본적인 자금으로 순수하게 '창조주 신의 뜻'을 이어갈 수도 있습니다. 각각 나름의 사명으로 이루어지는 것인데 '네가 그르다, 내가 옳다' 등 극단의 주장은 종교인의 자세가 아니라고 봅니다.

신앙은 '창조주 신과 나와의 관계'로 각자의 분수와 양심에 따르는 것이지 아전인수식 판단이나 법정의 재판 등으로 평가될 대상이 아니기 때문입니다. 종교와 신앙이 세속의 판단과 재판에 의해 시비를 가리는 일이 없도록 해야 민심을 얻습니다. 세속을 심판해야 할 위치에 있는 종교가 거꾸로 세속의 심판을 받는다는 것은 부끄러운 일이지요. 그러기 위해선 종교지도자의 역할이 무엇보다 중요하다고 생각합니다.

종교지도자는 '창조주 신의 뜻'을 전하는 중보자의 역할입니다. 신앙의 이름으로 사람을 종교의 틀에 가두어 로봇이나 허수아비로 만들지 말고, 창조주 신의 성전이 될 수 있도록 선도해야 할 것입니다.

교단은 개인을 위하고, 개인은 교단을 위해서 존재되어야 합니다. 그러나 교단을 위해 개인의 희생을 요구만 할 뿐 개인의 신앙과 행복은 등한시하고 있는 게 오늘날 종교계의 현실입니다. 사람은 어렵고 고통스러울수록 창조주 신을 찾고 의지하려는 마음으로 헌금하고 봉사를 합니다. 그를 통해 위안을 받으려고 하는데 교단은 이들을 진정으로 위로하고 배려하기 보다는 교단의 입장과 이익·편리를 앞세우는 경향이 있습니다. 심지어 '누구는 가난한데도 불구하고 이만한 헌금을 내서 복을 받게 됐다'는 등의 간증과 설교를 통해 신도들을 미혹에 빠지게 하는 경우도 수없이 많습니다.

헌금문제로 다른 교인에 대한 소외감 또는 부담감을 느끼고 종교를 멀리하는 사람도 많이 있다는 것을 알아야 합니다. 분위기에 휩쓸려 약정금을 써냈다가 이를 감당하지 못해 죄의식에 사로잡혀 고통을 받고 있는 사람도 부지기수입니다.

그들의 입장을 하나하나 배려할 수 있는 종교지도자가 되어야 할 것입니다. 전 재산을 헌납한 교인에게 '하나님이 주신 것이니까 다시 관리하라'며 돌려 준 목사가 있습니다. 그 교인은 그 후 사업을 번성시켜 더 많은 헌금을 냈다고 합니다. 어느 종단에서는 시주금액을 기록했다가 시주자가 형편이 어려워지면 다시 돌려주는 제도를 시행하고 있습니다. 좋은 본보기라 하겠습니다.

창조주 신은 '재물'보다 '마음과 정성'을 중히 여기십니다. 창조주 신은 사람을 보실 때 높고 낮고 귀하고 천한 것이 없습니다. 높은 건물, 호화스런 치장을 보지 않고 마음을 보시고 찾아오십니다. 종교지도자를 비롯한 모든 종교인들은 이성적으로 이러한 근본정신을 되새겨 볼 필요가 있습니다.

기성교단과 신흥교단

'종교증오범죄피해자연합 STOP종교증오'가 '문화체육관광부의 종교정책으로 확산된 종교증오범죄 피해자 증언대회'를 열고 "기성종교와 사이비종교를 나누지 말라"고 주장했습니다. 지난해 2017년 10월 종교증오에 대한 인식전환 캠페인을 펼치기 위해 출범한 'STOP종교증오'는 지난번에는 종교증오범죄를 확산시킨 검찰 규탄 피해자 증언대회를 여는 등 소위 '사이비종교'를 비호하는 듯한 모습을 보여줍니다. 이들의 활동을 보면서 과연 종교에 '사이비'가 있을 수 있는가, 그리고 '사이비'로 변질되어가는 종교의 특질징을 다시 한번 생각해 보게 되었습니다.

우리나라에서는 수혈과 집충거부 등 사회문제를 야기시켜 이단시되는 여호와의증인이 몇 해 전 북미에서 가장 급신장한 교단으로 밝혀졌습니다. 미국교회협의회가 북미지역 교단의 자료를 바탕으로 만든 '2011 미국·캐나다 교회연감'에서 나온 통계입니다.

여호와의증인 신자는 전년 대비 4.37% 늘어난 116만 2,686명으로 조사대상 227개 교단 중 20위를 차지했습니다. 여호와의증인 창시자인 찰스 테즈 러셀(1852년생)이 20세 때 제칠일안식일재림교(안식교)의 지도자 페인터의 책을 읽다가 자신과 같은 생각을 가진 사람들과 성경연구 모임을 시작하며 1879년 '파수대'(아침의 여명)라는 잡지를 발간한 지 130여년 만에 주요 교단으로 자리잡은 것입니다.

한편 러셀에게 영향을 준 안식교도 전년대비 4.31%의 높은 증가율을 보이며 처음으로 25위권에 진입했습니다. 안식교는 침례교인 이었던 윌리엄 밀러(1782년생)가 1863년 발족시킨 개신교 계통의 한 교단입니다.

1823년 조지프 스미스(1805년생)가 히늘의 계시를 받아 모라이산에서 '몰몬경'을 받고 창시한 모르몬교는 현재 신자 수가 605만 8,907명으로 증가해 미국의 4대 교단이 됐습니다. 여호와의증인, 안식교, 몰몬교 교주 모두 17세 때 계시나 환상을 보았다는 공통점이 있습니다. 한국 통일교의 문선명 교주는 16세 때인 1936년 부활절 새벽에 예수님으로부터 사명을 인계 받았다고 합니다.

그밖에 미국의 신흥교단인 하나님의 성회와 하나님의 교회 교인 수도 각각 291만 4,669명, 107만 6,254명으로 증가한데 반해 기성교단은 몇 년째 감소하고 있는 실정입니다.

미국 최대 교단인 남침례교와 2위인 연합감리교회 신자 수는 각각 전년 대비 0.42%와 1.01% 줄어든 1,616만 88명과 777만 4,931명으로 나타났습니다. 2009년 3.28%로 최대 감소폭을 보인 미국장로교는 2010년에도 2.61% 줄어 277만 730명이 됐으며, 진보침례교는 무려 59.60% 감소돼 101만 명에 불과합니다. 이런 현상에 대해 종교인들은 "기성 대형교단의 배타성에 염증을 느낀 이들이 신흥교단의 금욕적, 윤리적 모습을 오히려 참신하게 느낀 것이다"고 해석하며 기성교단의 자성을 촉구하고 있습니다.

16세기 초 마틴 루터가 로마 가톨릭교회의 타락을 고

발하고 신학자 장 칼뱅이 개신교의 신학적 바탕을 제공한 종교개혁에서 비롯된 것이 기독교(프로테스탄트)입니다. 16세기 말 영국 국교회에 대항해 칼뱅주의를 바탕으로 모든 쾌락을 죄악시, 성직자의 권위 배격, 철저한 금욕주의를 주장하며 생긴 것이 청교도(퓨리턴)입니다. 청교도는 당시 가톨릭에 염증을 느낀 중세 사람들에게 참신함을 보여주었다고 생각합니다. 그래서 오늘날의 수많은 개신교단의 뿌리가 되어 전 세계에 퍼져나간 것입니다.

우리나라에서도 신흥교단들의 교세가 확산되고 있습니다. 대형교회들의 이권과 권력다툼, 세습, 성직자들의 윤리적 타락 등에서 눈길을 돌리는 현상이라고도 봅니다. 신천지, JMS, 안상홍증인회 등 신흥종단들이 적극적인 포교를 하면서 기성교단들을 긴장시키고 있는데, '이단 대책'을 논하기에 앞서 자성해보는 계기가 되어야 한다고 봅니다.

신흥교단에도 문제가 없는 것은 아닙니다. 어느 정도 교세가 커지면 기성교단과 마찬가지로 새로운 권력, 권위로 부상합니다. 또한 빠르게 부패하기도 합니다. 긴 역사에서 검증된 교단은 확고한 근본교리나 정신으로 회귀할 수 있겠지만, 새로 발생한 신흥종단은 검증을 거치지 않이 그 권세와 권위, 그에 따른 부패는 하늘을 찌를 듯하다고 봅니다.

신흥교단은 몸이 없는 창조주신을 대신할 종으로서의 역할을 벗어납니다. 주변의 원로들도 무엇이 두려운지 '창조주 신의 아들 딸'이 되기보다는 '신흥교단의 종'이 됩니다. 기성교단보다 신흥교단에서 종의 역할에 더 충실한 이유는 신흥교단이 더 생존을 위한 단합이 필요하기 때문일 것입니다. 그러나 그러한 신흥종교는 먼 훗날 기성교단이 되지 못하고 여전히 '이단'으로 남을 것입니다.

"모든 종교는 하나님께서 사람들을 바르게 가르치기 위해서 세우신 선생"이라는 한 블로거의 글이 마음에 와 닿았습니다. 기성, 신흥교단 모두 이러한 하나님의 뜻으로 이루어졌을 것입니다.

신흥, 기성교단은 물론 모든 종교가 권위와 권세를 버리고 '창조주 신의 아들 딸'로서의 겸손한 자세와 행동을 보여야 '사람을 바르게 가르치는 선생'이 될 것입니다. 종교지도자는 물론 일반 종교인, 특히 종단의 원로들이 그러한 각성을 해야 한다고 생각합니다. 요즘 각 교단의 분쟁과 법정다툼에서 원로들이 패를 나누어 더욱 분란을 부추기고 있는 양상을 보이는데, 하나님의 뜻에 중심을 두고 풀어나가야 할 것입니다. 지도자 또는 자신의 세력과 이익을 위한다면 신흥, 기성교단 모두 '사이비'가 되고 말 것입니다.

 창조주 신을 믿으라고 하면서 신의 뜻대로 가르치는 것이 아니라 돈을 생각하고, 세력을 키워 자기를 나타내려는 지도자는 신과 사랑과 진리를 팔아먹고 사는 부도덕한 장삿꾼입니다. 병 고치고, 신도들 많이 모이게 하고 돈 많이 걷어 성전 건축하는 것이 목적이 아니라 신도들의 마음을 창조주 신이 같이 할 수 있는 선한 마음이 되게 하지 않으면 사기꾼됩니다.

교회 이름 지을 때의 초심, 종교의 초심을 회복하자

'소망교회는 소망이 없고, 순복음교회는 순복음이 없으며, 사랑의 교회는 사랑이 없고, 통일교회는 통일이 없다.' 무종교인이나 안티기독교 카페의 문구가 아닙니다. 내가 만나는 종교인들에게서 회자되는 말입니다. 그러기에 신앙의 가치를 높이 알리는 종교신문을 만드는 입장에서 더욱 듣기 민망하고 자괴감이 들었습니다. 어떻게 이런 비아냥거리는 말을 스스로에게 서슴없이 해대는 지경이 됐을까 하는 낭패감이 생깁니다.

물론 위에 거론한 교회들이 내분과 갈등, 소송 등에 휘말렸기 때문에 그렇다고 하지만, 모든 교회와 종교가 싸잡아 폄훼당하는 분위기입니다. 교인 수에 따라 교회를 팔고 사는 거래, 퇴직목사 은퇴비 마련을 위한 성직 매매 등이 공공연한 비밀이라는 폭로가 잇따랐고, '고액 헌금 유도'를 위한 구멍 뚫린 헌금 봉투 등 낯 뜨거운 사건들이 밝혀진 가운데 그렇지 않은 교회와 종단도 함께 엮여지고 있는 상황입니다.

　한 신문이 국내 5만여 교회의 이름을 분석해서 관심을 끈 바 있습니다. 대개 위치한 곳의 지명을 쓰기도 하지만 대부분 '안디옥', '갈보리', '사랑', '은혜', '성령' 등 성경에 나오는 지명, 단어가 들어간 교회 이름들 입니다. 이 신문은 '누구나교회', '큰나무', '별빛', '도토리', '세상에서 가장 낮은 교회' 등 개성 만점의 이름도 소개했는데 작명 시 엄청난 의미를 담기 위해 얼마나 고심하고 기도했는지 느낄 수 있습니다.

　그러나 작명할 때의 초심을 갖기가 어려운 가 봅니다. 형편이 어려우면 어려운대로, 번창하면 번창하는대로 이름의 의미를 실천하고 드높이는 데에 소홀해지는 것을 종종 볼 수가 있습니다.

　작명에서 뿐만 아니라 종교 자체의 초심도 잃어 가고

있는 것은 아닌지 염려스러워집니다. '창조주 신과 사람, 만물이 다 좋은 세상'을 만들고자 하는 것이 종교의 초심일 것입니다. 그러나 각자의 신앙과 종교에 몰입해 그 안에서 그들만의 구원과 화평, 융성과 생존을 추구하다 보니 '모두에게 좋은 세상'을 만든다는 종교의 초심에서 멀어진 것 같습니다.

그저 나와 내 신앙만 강조하는 표층 종교에 점령당한 것입니다. '나만 잘 되는 것이 아니라 나와 신, 나와 이웃, 나와 모든 존재가 하나라는 깨달음'의 심층 종교가 바로 종교의 초심을 찾는 것이며 성숙한 종교라고 생각합니다. 「종교, 이제는 깨달음이다」란 대담집에서 '표층 종교'에서 깨달음에 바탕을 둔 '심층 종교'로 나아가야 한다고 주장해 관심을 끈 바 있습니다. 종교학자 오강남 교수는 「종교, 심층을 보다」란 책을 통해 종교의 '심층'을 깨친 역사 속 인물들을 소개했습니다.

오 교수는 이 책에서 "이들의 공통점은 자신과 신, 이웃, 나아가 만물이 다 하나라는 것을 깨달은 분들"이라고 설명했습니다. 오교수의 연이은 저술과 주장으로 다시금 '종교의 초심'을 일깨워줘 공감하는 바가 컸습니다.

혹세무민의 상징으로 여겨지는 무당이 주요 일간지의 세 페이지짜리 와이드 인터뷰로 소개되면서, 최근에는 영화화까지 됐습니다. 한국의 굿을 세계에 알린 '대한민국 대표 무당' 김금화 인간문화재입니다. 혹독한 시집살이에서 도망쳐 '만신'(여자 무당)이 된 그는 "어렵고 힘들고 마음 아픈 사람을 끌어안는게 무당"이라고 했습니다.

그는 굿과 공연에서 작두를 타는 신 내린 무당이지만, 그를 찾아오는 사람에게 "절이나 교회에 다니며 기도하고 살아라"고 돌려보냅니다. 자신과 다른 삶을 살아가는 사람들에게 교회나 절을 찾아 신심을 기르고 구원 받기를 원하는 것입니다.

김금화 무당은 해외 공연 때마다 '하나님 믿는 분들은 하나님의 은혜가 있을 것이고, 불교를 믿는 분은 부처님의 자비가 있으실 것이다'고 강조한다고 합니다. 80여년 삶의 경륜이 그를 굿만 하는 표층 토속신앙인에서 모든 이웃과 종교를 이해하는 심층 종교인으로 승화시켰다고 봅니다. 종교의 초심을 찾은 진정한 종교인이라고 여겨집니다. 신심이 성숙해지면 모든 종교와 통한다는 생각도 듭니다. 교회 이름 지을 때의 초심, 그리고 종교의 초심을 다시 생각해 보아야 할 때가 지금입니다.

종교지도자가 창조주 신과 진리를 자기를 내세우고 먹고 살기 위한 방편으로 삼아서는 안될 것입니다.

동물을 기르는 목자는 동물의 살만 찌게 먹이고 기우

면 되지만, 사람을 가르치는 목자는 신도들에게 선과 사랑과 진리의 새 생명을 줘야합니다.

국가개조, 종교개조, 자아개조

　일부 성직자들이 세월호 참사에 관련해 교인들에게 쏟아 놓는 말들이 귀를 의심케 합니다. 수양을 깊이 못한 일반인들도 속으로만 생각하지 도저히 입 밖으로 내놓을 수 없는 발언을 성직자라는 사람이 교인들에게 당당하게 전하고 있습니다. 공인으로서, 종교지도자로서 할 수 없는 발언을 스스럼없이 드러내 놓으니 성직자로서의 자질에도 의문을 품게 됩니다. 물론 그들이 의도한 발언이 거두절미되어 인터넷 상에 떠돌아 억울하게 매도되는 측면도 있으리라고 봅니다. 그러나 그들에게 사회의 공분을 살만한 의식이 잠재해 있다가 은연 중 표출되었다는 것은 분명히 느낄 수 있습니다.

　모 교회 담임목사가 주일예배 설교에서 한 발언이 논란을 불러일으키고 있습니다. 그는 '하나님이 대한민국이 침몰되지 않기 위해 세월호와 학생들을 침몰시켜 국민에게 기회를 주었다'고 합니다. 그가 믿는 하나님은 어떤 하나님이시기에 죄 없는 어린 학생들을 희생시켜 나라를 구하려 했을까요. 전 인류를 구제하려고 하나님을 믿지 않는 나라를 '쓰나미'로 휩쓸어 버렸다는 한 성직자의 과거 발언이 연상됩니다.

　그런 하나님을 믿는 교회를 하나님이 휩쓸어 버리진 않을까요? 국내 기독교의 대표적 개신교연합단체의 부회장은 희생된 학생들을 두고 "가난한 집 애들이 설악산이나 경주 불국사로 수학여행을 가면 되지, 왜 배를 타고 제주도로 갔느냐?"는 발언을 해 물의를 일으켰습니다. "박근혜 대통령이 눈물을 흘릴 때 함께 눈물 흘리지 않는 사람은 모두 다 백정이다"라는 발언도 해 네티즌들의 공분을 샀습니다. ○○의교회 목사는 국민여론의 뭇매를 맞았던 서울시장 후보 아들의 '국민미개' 발언을 두둔하며 "사실 잘못된 말이기는 하지만, 틀린 말은 아니다"라고 해 또 한번 희생자와 가족들에게 상처를 주었습니다.

종교지도자뿐만 아닙니다. 그들에게서 그릇된 세뇌를 받은 일부 신자들의 발언은 더욱 경악을 느끼게 합니다. "하나님이 이단인 구원파를 망하게 하기 위해 세월호 사건을 만드셨고, 학생들을 죽음으로 몰고 가셨다"는 한 독실한 개신교 할머니의 발언이 SNS 상에 떠올랐습니다. 세월호 사건에서 드러난 잘못된 행태는 당연히 뿌리 뽑아야 합니다.

하나님이 구원파를 멸망시킨다고 세월호 참사가 사라지는 것은 아닙니다. 하나님이 자기종교, 자기교파, 자기교회가 아닌 것을 무너뜨린다면 이 세상에 세월호 참사는 계속될 것입니다. 언젠가는 할머니의 종교, 교파, 교회도 이단·사이비로 규정되어 침몰을 면할 수 없을 것입니다. 할머니의 뿌리깊이 잠재된 의식을 엿보면 분명히 또 다른 '구원파'란 생각이 들기도 합니다. '살인하면 지옥 간다는 말은 성경에 없다'는 황당한 궤변과도 같은 그릇된 성경 해석이 할머니에게도, 그리고 그를 인도하는 종교지도자에게도 자리 잡고 있습니다.

잘못 믿으니까 자꾸만 가짜가 생기고, 자꾸 속으니까 가짜가 활개칩니다. 속지 않으면 가짜가 생길 수 없습니다.

세월호 참사를 놓고 정부는 국가개조를 한다고 나섰습

니다. 정부조직을 와해·개편하고 '관피아' 등 고질적인 병폐를 도려내며 사고책임자를 엄단한다고 했습니다. 그러나 제도만 개혁한다고 국가개조가 되는 게 아닙니다. 국가란 제도와 국민으로 이루어졌습니다. 제도개혁과 함께 국민의식도 변해야 합니다. 대통령은 담화문에서 제도개혁을 내세웠습니다. 정치·사회·언론은 네 탓만을 주장합니다. 정적비판, 사회비판, 제도비판으로 자기편 실익을 차리려고 하지 자기성찰이 없어 보였습니다.

종교인과 일반국민까지 분노와 비판만 하고 있습니다. 그런 분위기가 형성된 것은 한 사람 한 사람 국민의 의식 속에 근본적으로 깔려 있다는 것을 깨닫게 됩니다.

국민의식과 심성을 가꾸어 주는 게 종교라고 봅니다. 그런데 종교가 제 역할은 커녕 그릇된 심성과 의식을 부추기고 있는 듯 합니다. 국가개조와 함께 종교개조도 이루어져야 된다고 생각합니다. 국민개조가 제도보다는 국민의식이 선행되야 하듯 종교개조도 일반 신자들의 심성개발이 종교지도자와 종교를 이끌어가야 할 때입니다. 내 탓임을 강조하는 국민의식이 국가를 개조하며, 인간이 세상에서 가장 소중한 존재라는 평신도운동이 종교와 종교지도자를 개조해 나갑니다. 이 제품, 저 제품의 정체를 알고 객관적·상식적으로 평가하는 소비자가 기업을 바꾼다고 합니다.

  평신도 개개인이 자신부터 심성을 올바르게 갖춰야 종교의 바람직한 개조가 이루어질 것입니다.

지양해야 할 '보여주기 식' 종교이벤트
- 진리는 작고 낮고 협소한 곳에서 사람을 기다린다 -

'보여주기 식' 이벤트는 우리 사회 전반에 걸쳐 행해지고 있습니다. 대기업의 문화사업이나 봉사활동, 국정감사장에서 호통 치는 국회의원, 호화 결혼식, 고급식당에서 만찬을 즐기고 자신의 집안 곳곳을 보여주는 여인도 있습니다.

'보여주기 식' 이벤트의 목적은 무엇일까요? 포퓰리즘, 즉 선전입니다. 자랑하려는 것입니다. '나는 이런 사람이다'고 과시하려는 것입니다. 주로 남의 눈을 의식하는 사람이 기획합니다. 당사자는 고개를 쳐들고 으쓱대지만, 보는 사람들은 손가락질을 합니다. 실속이 없고 희생도 큽니다. 중독성이 강해 다음엔 더 큰 판을 벌여야 합니다.

종교라는 허울 쓴 사람과 집단의 위험

침례교 목사이자 웨이크포리스대학 종교학 교수인 찰스 킴볼은 그의 저서 《종교가 사악해질 때》에서 "종교라는 허울을 뒤집어쓰고 활동하는 사람과 집단의 위험이 지금만큼 분명하게 드러난 적은 없었다"고 말합니다.

대형화와 권력화를 지향하는 종교지도자, 신흥종교 교주, 기성종단으로부터 이단시 당하는 교단의 지도자도 이런 '보여주기 식' 이벤트(쇼)를 즐겨 행합니다. 정치인들이 국가와 국민을 입에 달고 살듯 이들은 신의 이름으로 세계평화와 인류의 행복을 위해 지극히 헌신(?)합니다. 천문학적인 돈을 끌어들여 명망 있는 사람들을 불러 모아 크고 화려한 행사를 개최하며 자신을 부각시키기 위해 안간힘을 쓰기도 합니다. 신도들은 봉사와 헌금으로 허리가 휩니다. 그러나 시작만 요란할 뿐 하나도 성공한 것이 없습니다. 선전이 목적이었기 때문에 그렇습니다.

진짜는 진짜이기 때문에 가만히 있지만 가짜는 불안해

서 가만히 있을 수가 없습니다. 그래서 '나는 진짜'라고 떠듭니다. 가짜 바람이 더 거셉니다. 겉으로 보면 진짜 같은 행동을 하니 사람들은 하나님이 역사한다고 생각합니다. 진짜는 가만히 있으니까 모르고, 가짜가 진짜라고 외치니까 진짜인 줄 알고 속는 것입니다. 진짜는 은은하고, 가짜는 목소리가 더 큽니다. 욕심 많고 어리석은 사람은 큰 데로 가고 큰소리치는 데로 갑니다.

진짜는 끝까지 조용히 있어야 빛이 납니다. 가짜는 처음에는 요란하다가 갈수록 쫄아 듭니다. 가짜가 진짜라고 한다고 진짜가 될 수 없습니다. 팥을 심으면 팥이 나오는 것이 진리입니다. 때가 되면 알게 됩니다. 팥이나 콩이 어떤 나무인지 모르는 사람에게는 팥 나무를 콩 나무라고 할 수 있습니다. 팥 나무와 콩 나무를 모르는 사람은 속아 넘어갑니다. 그러나 열매가 열려서 그 열매를 까보면 그 나무가 콩 나무인지 팥 나무인지 알 수 있습니다. 가짜는 그때까지 밖에 못 속입니다. 알맹이를 까보고 확인 전까지밖에 못 속입니다. 그래서 옛 성인은 그 나무를 보면 그 열매를 알고, 그 열매를 보면 그 나무를 안다고 하였습니다. 속일 수 없는 것이 진리입니다. 가짜가 진짜가 되지 않는 것이 진리입니다.

진리를 소문난 데서 찾으려고 하지 말아야 합니다. 진

리는 작고, 낮고, 협소한 곳에서 진리를 찾는 사람을 기다리고 있습니다. 진심이 있어야 진실이 있고, 진실이 있어야 진리가 있으며, 진리가 있는 사람이라야 진리를 알아보고 진리를 찾게 되는 것입니다.

종교 타락의 원인
"자성과 인정 없는 종교는 사악해진다"

10년 여 동안 모든 종교문제를 연구하고 공부하면서 각 종교의 교리와 현실상황을 접했습니다. 교리에서는 더할 나위 없이 좋은 종교심과 취지를 확인한 반면, 돈과 권력으로 인한 타락·부패, 종교간·종교 내의 갈등, 사이비를 비난하며 결국 자신도 사람들을 미혹하는 사이비로 전락하고 마는 일부 종교인들 또한 자주 접했습니다. 종교다운 종교의 모습이 당연한 것인데도 불구하고 그러한 뉴스가 오히려 뜻밖의 화제와 관심을 모으는 현실이었습니다.

많은 종교지도자들도 만나 보았습니다. 독실한 믿음을 갖고 있는 그들의 신앙심과 생활 면면이 존경스러웠습니다. 최근 만난 유교의 수장인 서정기 성균관장의 말도 인상 깊었습니다. 그는 2014년 8월 방한한 프란치스코 교황을 한국 종교지도자로서 만났는데 간담회 때 "사과하고 고맙다"는 말을 전했다고 합니다. 조선시대 천주교인을 박해하고 순교케 한 것에 앞장 선 유림을 대표한 사과였고, 고맙다는 것은 가톨릭이 유림사상의 근간인 조상 제사를 허용했다는 것이었습니다. 당시 척화는 유림으로선 뿌리 깊은 신앙이었지만 그로 인한 과오를 인정하고 반성한 것입니다. 또한 가톨릭이 우상숭배라고 터부시했던 조상제사를 한국적 전통으로 인정하고 허용한 것에 감사를 표한 것입니다.

이러한 자성과 인정이야 말로 종교 간 평화를 이루는 근간이 아닌가 생각합니다. 물론 한 불교지도자는 "교황은 천주교 탄압을 앞세워 병인양요를 일으키고 무차별 방화와 대량의 서적·보물을 약탈한 것에 대한 사과부터 하라"고 주장했지만, 이 역시 '개신교인들에 대한 차별과 박해'를 사과했듯이 충분한 자성과 인정이 이루어지리라는 생각을 해 봅니다.

정치·사회는 물론 모든 종교가 절대적·맹목적일 때 그 진정성을 잃고 타락한다는 생각이 듭니다. 자기 것만이 최고·최선이라며 절대시 할 때 상대와 부닥치게 되며 목적을 위해 죽음도 불사하는 더욱 맹목적인 이데올로기가 형성됩니다. 평화를 해치고 갈등과 분열, 전쟁을 유발시킵니다. 지상보다 천국만을 생각케 하고 기복신앙에 빠지는 등 미망과 현혹에 휩싸이게 됩니다. 자기합리화로 인해 자신에 대한 반성과 타인에 대한 인정은 점점 사라집니다. 화해와 용서의 종교적 미덕은 멀어지고 사조직, 폭력조직처럼 단순화되고 이익집단화 됐습니다.

한 신흥종단의 원로급 신도와의 대화중에 "누구든지 내가 절대적으로 믿는 교주에게 욕하는 자는 가만 두지 않겠다"는 엄포를 놓았습니다. 그는 지난날 자기가 믿는 교주에게 욕하는 사람을 혼냈다는 무용담을 자랑스럽게 늘어놓았습니다. 그러면서 교주에게 신세졌다는 이야기를 했습니다. 또 다른 신흥종단에서는 본지가 그 종단의 마음에 들지 않는 객관적인 사실을 보도하자 '조직을 동원해 쳐 들어오겠다'는 협박성 전화를 했습니다.

신앙보다 의리·인정이 앞서는 이익집단화한 오늘날 종교의 모습입니다. 아무리 자기종교가 절대적이라 할지라도 그 종교를 믿고 행하는 사람이 맹목적이거나 상식 밖의 말과 행동을 한다면 오히려 자기 종교와 교주를 욕되게 하고 믿지 않는 것만 못합니다. 종교는 절대 소수의 전유물이 아닙니다. 스스로 반성하고 타인을 인정할 때 종교가 부흥하고 마침내 종교 본래의 목적을 이루는 것입니다.

하늘가는 길은 결코 평탄한 길이 아닙니다. 좁은 길입니다. 세상의 모든 욕심, 사심과 물욕을 버리고 가는 길입니다. 천도는 정도가 아니면 갈 수 없습니다. 성경에서도 말합니다. "좁은 문으로 들어가라, 멸망으로 인도하는 문은 크고, 생명으로 인도하는 문은 좁고 거짓 선지자들을 삼가라. 양의 옷을 입고 너희에게로 나아오나 속에는 노략질하는 이리라."

종교가 정도를 지키지 않으면 그럴듯한 명분을 내세워서 싸움을 벌이기가 일쑤입니다. 한 종단의 지도자는 세계평화 등의 슬로건을 내세우며 끈질기게 참석을 요청하는 데 이용되어 신도들을 유린하는 것 같아 거부했다고 합니다. 타 종단의 지도자를 '얼굴 마담'으로 이용해 주최측의 위상을 높이고 세력을 키우는 도구로 사용하려는 것입니다. 그러나 실상을 모르는 외국인 종교지도자가 국내 어느 종단을 방문하여 '집회에 왜 참서하지 않느냐'고 해서 자신의 입장을 이야기하니, 자신은 항공비·호텔비 지원을 받아서 왔기 때문에 그냥 되돌아갈 수가 없다며 난감해 했다고 합니다. 종교가 정치판의 권모술수를 그대로 답습하고 있습니다.

그러다보니 믿음을 가장 중요시하는 종교에 불신과 의심이 쌓여갑니다. 종교화합을 주도하는 어느 단체의 책임자를 만난 적이 있습니다. 그 역시 '범종교의 진정성을 두루 살펴보고 이해함으로써 각 종교와 사회의 화평과 상생조화를 이룬다'는 저희 신문에 대해 '어떤 종단의 사주를 받고 있는 것인가' '어떤 사적 욕심이 있는가' 하는 의심을 했다고 합니다. 일단 진정성을 의심하고 보는 습성이 종교계에서도 몸에 밴 것입니다. 그렇지 않고는 이용당하기 십상이라는 생각이 들 정도로 종교의 타락이 만연해진 탓일 것입니다. 그래서 세상이 종교를 염려한다는 말이 나오는 것 같습니다.

이 글을 쓰면서 침례교 목사로 미국 하버드 대학교에서 이슬람 연구로 비교종교학 박사학위를 받은 찰스 킴볼(웨이크포리스트 대학 종교학 교수)의 말이 떠오릅니다.

 그는 ▶절대적인 진리주장
   ▶맹목적인 복종
   ▶이상적인 시대건설

▶목적이 모든 수단을 정당화
▶성전을 선포하는 것 등

'종교타락의 징후 다섯 가지'로 거론했습니다.

〈씨알의 소리〉를 발행한 사학자 함석헌 선생 역시 그와 일맥상통하게

▶특정한 정치 경제이념에 예속된 이데올로기
▶경전과 교리를 절대화 하는 것
▶땅을 경시하고 하늘만 중시하는 천국직행
▶무한성장 축복 론과 개인숭배
▶실질적인 돈 숭배에 빠져든 것 등

다섯 가지 우상으로 꼽았습니다.

자신의 것만 절대적으로 여기고 자성과 인정이 없는 종교는 결국 타락하고 사악해진다는 교훈을 줍니다. 종교의 진정성을 가꾸기 위해 종교지도자, 신도 등 모든 종교인들이 음미해 볼만한 교훈이라는 생각을 거듭하게 됩니다.

왜 보려고만 하는가?

　필자가 어렸을 때, 기독교를 믿는 나라는 모두 잘사니까 우리나라에도 기독교인이 더 많아져야 한다는 원로목사의 설교를 종종 들었습니다. 이는 100여 년 전 한국 개신교 선교 초기에 회자되던 논리였고, 교회에 나가야 미국처럼 잘 살것 같은 민중적 욕망과 어울리면서 한국 기독교가 양적 성장을 거듭할 수 있었던 것도 사실입니다. 해방 후 월남했던 노 목사로부터 그런 설교를 들을 때마다 어린 필자는 기독교인도 별로 없는 일본은 왜 잘 사는지 궁금했습니다. 그래서 이 사람 저 사람에게 몇 차례 질문을 던지기도 했지만, 아무에게서도 제대로 된 답을 들은 기억은 없습니다.

물론 일본이 잘 사는 것과 기독교는 별로 상관이 없습니다. 일본의 경제적 발전은 일본 특유의 집단적 세속주의가 자신의 정신적 전통은 지키면서도 서구의 근대 문물을 적극적으로 소화해낸 결과입니다. 그 정신은 기독교가 아니고, 도리어 일본 민족신앙인 신도나 불교 등 전통종교에 가깝습니다. 오늘날 일본문명이라는 거대 공장을 굴리는 무수한 톱니바퀴와 같은 것이 신도 내지 불교와 같은 것입니다. 그 결과 일본은 서구화와 동일시되지 않은 근대화를 이룬 대표적인 나라가 되었습니다. 한국에서 전근대는 타파되고 근대는 추구되어야 할 것이었다면, 일본에서 전근대는 지켜야 할 질서적인 것이고 근대는 낯설고 무질서한 것이었습니다. 그러니까 일본 민족신앙인 신도나 불교와 같은 '전근대적' 정신을 유지하는 가운데 세계 최고 수준의 물질적 풍요를 이루는 근대화에 성공한 것입니다.

여전히 통하는 물량적 논리

요즘 기독교 뿐만 아니라 불교나 신흥종교를 막론하고 외형적 물량주의에 빠져있음을 직시하게 됩니다. 이른바

종교 지도자들이 인간의 내적이고 초월적인 신앙을 외적이고 물량적으로 제단하고 정당화시키는 행위의 유치힘이 뒤덮고 있습니다. 그리고 각 종교의 독실한 신앙인을 자처하는 사람들이 자신이 따라야 할 신앙의 속뜻에 대해서는 외면한 채 물량적 희망과 달콤함만을 신의 이름으로 누리려고 합니다.

종교의 근본 의미 내지 내면적 가치를 볼 줄 아는 안목은 거의 없이, 권력이나 지상에 건물확장과 재물을 신앙의 결과 내지 신의 축복과 동일시하는 유아적 종교관이 근본 문제인 것입니다. 시민보다 시장이 더 큰 축복이고, 국민보다 대통령이 더 큰 축복이라는 식의, 과거 동등한 관계가 아니라 위와 아래의 관계로 이루어지는 사회를 반영한 물량주의적 논리는 인간의 권력욕과 소유욕을 신앙의 이름으로 부추기고 받아들일수 없는 것들을 시키는 행위에 지나지 않습니다. 예수나 붓다가 권력을 쟁취해 왕이라도 되었단 말인가. 그래서 그 길을 따른다는 말인가. 불교가 들어간 나라는 못산다거나 기독교를 믿어야 잘 산다는 식의 논리가 유력한 목사들에 의해 여전히 유통되고 기독교인을 자처하는 대중에 의해 소비되면서 확대되는 현실은 자괴감을 느끼게 합니다. 내면적 신앙을 외형적 물질로 환원시키는 이런 류의 사고방식은 그저 과자 하나

내밀면 유괴범도 좋아라고 따라가는 어린아이 수준을 한 치도 벗어나지 못한 것입니다. 물론 누구든지 어린 아이로부터 성장하지만 좀 더 크면 그 과자 한 봉지의 의미가 무엇인지 알게 되듯이 신앙도 그래야 한다고 봅니다. 달콤한 과자 한 봉지의 미래도 볼 줄 알아야 하다는 것입니다.

어떻게 종교성 내지 신앙의 본질을 물질적 욕망 안에 가둘 수 있겠습니까. 기독교 문화권 국가가 불교 문화권 국가보다 GNP(국내총생산)가 높은 경향이 있다고 할지라도, 그렇다고 해서 GNP를 기독교적 진리로 대체시킬 수 있는 것은 아닙니다. 우주의 눈으로 바라보면 한 점 먼지만도 못한 지구에서, 결국 먼지처럼 사라질 재물을 움켜쥐는 행위를 우주적 신이 자신의 현존의 증거로 삼는다는 말은 더 말할 것도 없이 신의 이름으로 인간의 욕망을 합리화시키는 행위에 지나지 않습니다. 좀 더 우주적인 시각에서 보는 훈련을 철저히 했으면 좋겠습니다.

누가 누구를 죽이는가

한 번 더 생각해보자. 누가 죽이고 누가 살리는가. 신의 축복이라는 그 소유와 재물이 도리어 지구를 죽이고 있지 않은가. 누가 이산화탄소 발생량을 높여 지구 온난

화를 가속시키고 지구를 죽음으로 몰고 가는가. 많이 소유한 자가 아니던가. 물질적 풍요를 누리는 이가 지구를 살리는가, 가진 것이 적어서 쓸 것도 없는 이들이 지구를 살리는가. 벌레 한 마리도 죽이지 않으려 조심해서 걷는 자이나교 수행자들이 지구를 살리는가, 벤츠를 타고 매연을 내뿜으며 호텔 조찬기도회에 참여하는 이들이 지구를 살리는가.

누군가 많이 소유한다는 것은, 의도적이든 아니든, 다른 누군가의 소유를 제한할 수밖에 없습니다. 많이 가지는 자가 있으면 그만큼 적게 가지는 자도 있을 수밖에 없습니다. 잘 살려면 기독교를 믿으라는 식의 말은 소유 쟁탈전을 벌여 더 많이 갖도록 하는 투쟁이 예수의 진리라는 식으로 가르치는 꼴이 되며 다른 이로 하여금 적게 가지도록 하는 것이 신의 뜻이란 말이 됩니다.

소유의 욕망을 제어하고 비움의 실천을 통해 이웃을 살리던 이가 붓다이고 예수 아니었던가. 과자 한 봉지 들고 좋아하는 어린 아이 자체에 문제가 있는 것은 아니며 목사든 신자든 나이가 들어도 내적으로 성숙하지 못하는 것이 문제입니다. 따지고 보면 옳지 않다는 것을 알면서도, 사람들은 비움이라는 부담스러운 요청에는 슬쩍 눈감고, 소유라는 욕망과 희망을 슬슬 자극해 주기를 바랍니다. 그것 자체가 문제는 아니고 그것이 신의 뜻으로 포장되는 현실이 문제입니다. 거기에 종교가 어디 있는가, 그저 욕망만이 있을 뿐이다. 붓다나 예수처럼 '집도 절도 없이도' 행복하고, 그 힘으로 세상을 바꿀 수 있는 것이 종교라고 가르칠 수 있어야 합니다. 애당초 돈을 목표로 하는 기업가임을 자처했다면 모를까, 재물욕이나 권력욕을 신앙의 이름으로 정당화하는 일은 이제 더 이상 사라졌으면 좋겠습니다.

외형으로 보려하지 말고 내면의 마음을 찾아 나서야

2000년전 예수시대나 현시대를 막론하고 인간은 누구나 천국을 보고자 하는 마음은 변함이 없습니다. 성인들의 가르침에 '천국은 눈으로 볼 수 없고 마음에 있다'고 했는데 사람들은 마음이 뭔지도 모르고 눈으로 보려고 하고, 종교는 왜 마음보다는 눈으로 보여주기 위해 전력을 기울이고 있는지 필자는 이해할 수 없습니다.

인간 세상은 이미 눈으로 보여주기 위해 전력을 다하고 있는데, 이제 종교까지 이에 합세하니 점점 마음은 없어지고 몸만 있는 꼴이 되니 로봇처럼 기계화가 되어가고 있는 것이 안타까워 할 뿐입니다.

필자는 '그 근본원인이 무엇인가?'를 찾기 위해 여러

방면으로 노력한 결과, 심리학을 공부하면서 그 의문점이 해소되었습니다. 심리학에서는 인간의 감성을 움직이는 데 눈으로 보는 것이 40%, 손으로 만지는 것이 50%, 귀로 듣고 혀로 맛보고 코로 냄새 맡는 것이 10%로 말하고 있습니다. 이렇게 사람을 움직이게 하는 것은 눈으로 보고 손으로 만져보아야 감성이 작동하기 때문에 생존을 위해선 외형에 치중할 수밖에 없다는 것입니다.

2500년 전 붓다 시대나 과학물질 문명이 발달된 우주시대인 오늘날에도 사람의 심리는 변함이 없습니다. 성인들은 이러한 사람의 심리를 모르고 마음을 강조한 것일까?

예수는 산상수훈에서 그리스도의 팔복을 선포할 때 제일 먼저 '심령이 가난한 자는 복이 있나니 천국이 저희 것임이요(마 5:3)'라고 했다. 사람의 마음 속 가장 깊은 곳에 있는 것이 자아自我다. 따라서 마음은 지옥을 천국으로, 천국을 지옥으로 만들 수 있습니다. 천국은 죽은 후에 가는 세계가 아닙니다. 그 마음에 천국의 요소를 가진 사람은 이 땅에서 벌써 천국을 확보한 사람입니다. '하나님의 나라는 볼 수 있게 임하는 것이 아니요 또 여기 있다 저기 있다고도 못하리니 하나님의 나라는 너희 안에 있느니라(눅 17:20~21).'

이제 종교지도자와 신자들은 외형은 세상에 맡기고 내

면의 마음을 찾아 나서자. 마음을 잃고 헤매는 사람들에게 마음을 찾아주자. 세계보건기구(WHO)에서는 인간의 병이 마음에서 오는 것이 80%라고 했습니다. 마음의 고통을 받고 신음하는 사람들을 치유하는데 종교가 나서자고 주창합니다.

벼랑 끝에 선 종교

— "종교인들이 먼저 회개하고 '욕심 병' 치유 기도해야" —

"세상이 말세인게 분명해. 세상이 왜 이렇게 돌아가나!"

사람들의 입에서 '말세'라는 말이 자주 오르내리고 있습니다. 세상에 기막힌 일들이 끊임없이 벌어지고 있기 때문이지요. 종교, 정치, 사회, 환경과 황폐해진 인간성이 한계에 와 있는 것 같습니다.

우리는 21세기 과학문명시대에 살고 있지만, 늘 불안에 떨고 있습니다. 지구촌 곳곳에서 전쟁과 테러로 피로 물들어가고 있습니다. 빈자와 부자간의 갈등의 골은 깊어만 가고, 도덕적 타락과 범죄는 날로 기승을 부리고 있습니다. 식량난과 물 부족사대로 생명체들이 죽어가고, 원인모를 전염병의 창궐로 공포에 움츠러들고 있으며, 화산폭발·지진·해일 등 자연재해와 기후변화는 우리의 생존에 심각한 위협을 안겨 주고 있습니다.

임계점 넘어선 인간성

사람의 심성이 거칠어지고, 영악해지고, 잔인해져 가고 있습니다. 비인간화되어 극단으로 치닫고 있습니다. 수단과 방법을 가리지 않고 물질을 끌어 모으며, 인정사정 없이 남을 짓밟아 인간성을 상실해 가고 있습니다. 사람은 이미 우주의 질서를 파괴하는 주범이 되었고, 동족을 살상하는 마귀보다 더 무서운 존재로 변해버렸습니다. 이러한 오늘날의 세상을 '낙원이다, 천국이다'라고 말하는 사람은 없을 것입니다.

사람이 정상적인 상태가 아니고, 세상도 정상적인 모습이 아닌 것 같습니다. 제 눈에는 예의와 도덕이 무너지고, 돈과 쾌락과 폭력으로 뭉그러져가는 요지경으로 보입니다. 상하 간 질서가 없는 세상이 되어가고 있는 것 같습니다. 미래도 생각하지 않고 지금 당장 자신만 생각하며 먹고, 마시고, 즐기며 희희낙락하고 있습니다. 장차 '우리

후손들이 살아갈 세상은 어떻게 될 것인가!' 걱정하는 사람이 몇 사람이나 있을까요?

《왜 세계의 절반은 굶주리는가》의 저자인 사회학자 장 지글러는 하루에 10만 명, 5초에 한 명이 굶주림으로 죽어가는 현실을 개탄합니다. 먹을 것이 넘쳐나서 성인병 예방과 다이어트를 위해 일부러 굶는 판에 다른 한쪽에선 먹을 것이 없어 굶어 죽는 사람이 이렇게 많다니 말문이 막힐 따름입니다.

오직 나만을 생각하는 세상에서 과연 남을 생각하는 세상으로의 변화가 가능할까요? 저는 그 희망을 종교에서 찾을 수 있다고 생각했습니다. 왜냐하면, 모든 종교는 '사랑하라, 자비를 베풀라, 어질게 살라'고 가르치고 있으며, 평화롭고 행복한 세상의 구현을 부르짖고, 세상의 빛과 소금, 그리고 목탁임을 자처하고 있기 때문입니다.

그러나 요즈음 종교의 실상은 '사람을 구원하고, 세상을 화평케 하기 위해 존재한다'는 본연의 사명을 망각하고 있는 것 같습니다. 종교 간에 갈등하고, 독선과 부패로 만신창이가 되어 비종교인들에게 손가락질을 당하면서도 기복신앙을 부추기며, 선전과 자기 종단세력 확장에 총력을 기울이고 있습니다. 신도들로부터 막대한 헌금을 거둬들여 종교시설을 늘리는데 앞다퉈 모든 것을 쏟아 붓고 있습니다. 종교가 세속화되고, 물질의 노예로 전락하면서 종교자체를 멀리하는 사람들이 점점 늘어나고 있습니다.

'세상 끝날'은 '종교의 끝날'

오늘날 종교가 사회적으로 관심을 끌지 못하는 이유는 무엇일까요? 그것은 창시자의 가르침을 제대로 받들지 못했기 때문이 아닐까요? 사람을 아끼고 사랑하며, 궁극적으로 사람의 심성을 변화시켜야 할 종교가 그 본연의 역할은 등한시 한채 세력 확장에만 급급한 것입니다. 이것은 종교가 세상 사람들을 이끌어 나갈 힘을 잃었다는 증거가 아닌가 하는 생각이 듭니다. 종교가 내적으로 성숙하지 않으면, 외형을 확장하고 겉을 화려하게 치장하는 데만 혈안이 됩니다. 종교가 저잣거리에 나앉으면, 신에 대한 순수한 열정과 구도와 구제의 정신은 사라지고, 정치와 경제논리만 남게 될 것입니다.

종교는 요즘 금권화와 대형화, 정치 권력화, 종단 이기주의, 기복신앙, 이단시비 등의 소용돌이에 끝없이 휘말려 들어가고 있습니다. 이에 따른 사회적 병폐와 악영향도 적지 않습니다. 정도를 벗어난 종교는 사람에게 해로울 뿐이지, 결코 이익이 될게 없을 것입니다. 사람의 아픔과 고통, 세상의 난문제를 껴안고 함께 고민하며 해결

책을 제시해야 할 종교가 신도들의 헌금과 봉사로 종교를 권력 집단화하는 행위는 마귀에게 휘둘리고 있다고 볼 수밖에 없습니다.

종교가 본연의 사명에서 벗어나 신도들을 올바르게 인도해 주지 못할 때에는 예기치 못한 우를 범할 수 있습니다. 그 같은 일탈행위가 신을 거역하고 사람들에게 고통을 줄 수 있다는 것입니다.

왜 종교의 종파가 수없이 계속 생길까요? 자기들 생각대로 이것이 선이고, 진리라고 주장하고, 완전한 진리를 찾지 못해 변질되면서 물질에 매몰되기 때문이 아닌가 생각합니다. 종교 간에도 자기 종교가 옳다고 싸워 창조주 하나님이 종교분란의 주인공으로 전락해 버렸습니다. 종교인도 선과 사랑의 실천자가 되려고 신앙생활을 하는 것이 아니라 자기 종교의 영역을 확장시키고, 자기들 복 받기 위해 하나님을 이용하는 경향이 짙어지고 있습니다.

종교에 더 이상 선과 사랑이 보이지 않는 것 같습니다. 자기 종교가 옳고, 최고라고 주장하는 욕심 때문입니다. 자기들 의견만 내세우는 종교는 힘을 제일로 여기는 단체이니 욕심 그 자체입니다. 세상과 인간을 구원해야 할 종교가 사람과 사람 사이에 철판 같은 마음의 벽을 만들어

놓았습니다. 이런 관점에서 저는 말세가 세상 끝날이 아니라, 종교의 끝날이 아닌가 하는 생각을 하곤 합니다.

대부분의 종교는 말세에 구세주 출현을 주장합니다. 말세가 되면 자기 종교의 교주가 구세주로 출현하여 이 세상과 인류를 구원한다는 것입니다. 그러나 유사이래 수많은 교주와 구세주가 출현했으나 사람과 세상을 구원한 교주와 구세주는 단 한 사람도 없었습니다. 사람의 죄를 없애주고, 평화의 세상으로 만들어 놓는 분이 바로 구세주인데 우리는 아직까지 그런 분을 만나지 못했습니다. 사람이 어찌 사람과 세상을 구할 수 있겠습니까?

사람이 자기 마음을 주관하고 살면 잘못된 것을 고치기 쉽지만, 사람은 자기 정신과 마음과 몸을 주관할 수 있는 자유도 없고, 능력도 없습니다. 육체가 마음의 주인이 되어서 마음이 육체의 욕구대로 사는 거꾸로 된 사람이기 때문입니다.

필자는 세상의 평화와 행복을 가로막는 최대 장애물은 사람 마음속의 욕심이라고 생각합니다. 욕심이 개인을 망치고, 가정을 망치고, 나라를 망치고, 세상을 망하게 합니다. 사람 마음속의 암 덩어리인 이 '욕심 병'을 고쳐야 개인의 평화와 가정의 평화와 나라의 평화와 세계의 평화가 찾아온다고 믿고 있습니다.

백두산

백두산 정상에 올라서보니
백두산은 보이지 않네
여기가 백두산인가

고요한 직막만이 있을 뿐이네
여기가 백두산인가

하얀 도포를 입고 긴 수염에
지팡이 짚은 산신령 보이지 않네
여기가 백두산인가

백두산을 바라보니
천지의 물이 구름이요
천지의 물이 하늘이요
천지가 하늘 가득 담아
내얼굴을 비추네
아~ 여기가 백두산

2000. 7. 1.
백두산 천지를 바라보며

神과 인간

迷妄

과거 미개문명시대에 존재했던 애니미즘이나 토테미즘, 샤머니즘은 오늘 이 시대에도 남아 있습니다. 인간의 지적수준에 따라 숭배의 대상이 달라지고 있습니다. 숭배대상이 자연물에서 인간과 신으로 이동했을 뿐입니다.

하나님은 많아지고 신자는 줄고…
- 젊은이들 종교적 무관심 급증, 종교현실 반성 계기 -

하나님을 자처하고 나선 종교인은 많은 데 종교인 수는 점점 줄어드는 현상이 나타나고 있습니다. 하나님의 활동이 크게 확산됨에도 불구하고 그를 믿고 따르는 사람들이 적어지니 이상한 일입니다. 유일한 창조주신을 대신해서 심부름을 하는 종교에 무언가 문제가 있을 것이란 생각이 듭니다. 하나님의 심부름에 충실한 종교활동을 펼쳐 사람들에게 위안과 평안을 준다면 이런 현상은 생기지 않았을 것입니다. 더욱이 미래의 종교를 가늠할 청년 종교인의 수가 급격히 줄어들고 있어 앞으로 국가와 종교의 미래도 걱정하게 만듭니다.

한 신문의 보도에 따르면 한국에만 하나님 20명, 재림 예수 50명이 있다고 합니다. 그밖에도 드러나지 않는 신(하나님)은 부지기수입니다. 미륵불, 정도령, 하나님의 부인이나 보혜사 성령, 혹은 엘리야나 다윗 등 선지자를 자처하는 사람이 국내에는 많습니다. 극단적 보수주의와 집단이기주의에 사로잡힌 한국의 주류 개신교에 의해 배척을 당한 소수 종파들이 아예 선지자를 자처하며 신의 반열에 올라서고 있습니다. 이는 소외와 핍박을 받는 가운데 생겨난 반작용이라 생각됩니다. 연결되도록 맞춘 그럴듯한 교리와 핍박 가운데 엮어진 결속력으로 세력은 커질 수밖에 없습니다. 세력을 등에 업으면 스스로 하나님, 재림예수, 미륵불, 선지자가 되려는 것입니다. 그들은 현재 각종 사회문제를 야기시키고 있지만, 필자는 이들이 초심에서 생겨난 것이 아니라고 믿습니다. 성상납, 혼음, 종말 심판과 선별적 구원, 법정싸움, 횡령이나 폭력, 추행 등은 그들의 초심으로선 생각도 못할 일이었을 것입니다.

필자도 어릴 적 창조주 신과의 교감을 통해 확고하고 강한 신앙을 갖게 된 종교적 경험이 있습니다. 그러한 신앙심은 순수한 것이어서 사람들을 충분히 교화시킬 수 있는 것이라고 봅니다. 다만 세력화, 세속화, 조직화를 거치며 변질, 와전되었다고 생각합니다. 그래서 처음엔 교세를 확산시킬 수 있지만, 세월이 흐름에 따라 미약해지고 새 종파가 그 자리를 차지하게 되는 것입니다. 종교가 노화되면서 기존의 교인들만 믿고 젊은이들이 외면하면 자연스럽게 퇴장하는 것 아니겠습니까?

젊은이들의 종교인구가 급속도로 줄어들고 있습니다. 신흥종교들이 대학가에 파고드는 등 교세를 키우고 있는데 반해 기존 종교계의 교권, 이권다툼과 세속화에 젊은이들이 등을 돌리고 있는 것입니다. 기성종교의 진부함에 염증을 느끼고 신흥종교의 신선함에 기웃거리는 것 같습니다. 신흥종교들은 소외와 핍박을 공격적 선교로 보상받고 있는 듯 합니다. 그러나 많은 젊은이는 신흥종교 역시 세력화, 조직화되면 기성종교와 같이 변질할 것이란 것을 알고 있습니다. 그래서 신흥·기성종교를 막론하고 종교에 대한 회의를 하고 있다고 필자 나름대로 분석해 봅니다.

비종교인 비율이 늘어나고 있는 것이 이를 증명합니다. 또한 비종교인들 중 90% 이상이 향후 종교에 아예 관심이 없다고 했습니다. 기성·신흥종교를 막론하고 주의 깊게 관찰할 대목입니다. 종교간, 종파간 해코지가 젊은 이들에겐 역겨운 모습입니다. 또한 종교의 세속화·권력화는 마치 정치판같이 느껴집니다. 정치적 무관심처럼 종교적 무관심이 대세를 이루고 있는 현실입니다.

차라리 무종교 젊은이들이 많아지고 있다는 것이 오히려 다행스럽게 생각되기도 합니다. 종교계의 현실을 깨닫게 하는 계기가 될 것이기 때문입니다. 반성을 통해 '창조주신의 심부름에 충실한다'는 종교 본연의 역할을 찾을 수 있을 것입니다. 종교가 초심으로 돌아가 진정한 종교심을 회복해야 합니다.

사람은 창조주신과 말이 통할 수 있고, 정신과 마음을 통할 수 있고, 정과 사랑을 통할 수 있기 때문에 창조주신의 형상이며, 자녀입니다. 사람은 창조주신과 일체를 이룰 수 있게 창조되었기 때문에 만물중에서 가장 귀한 존재입니다. 수많은 고민과 갈등을 안고 사는 오늘날 젊은이들에게 희망과 화평, 위로를 주는 종교가 되어야 합니다. 그들은 사회와 국가, 우주의 미래입니다. 그들을 참다운 신앙으로 인도할 수 있을 때 종교의 미래도 밝아집니다.

하나님과 사람

- 하나님 뜻을 놓고 기도한 후 자기의 형편을 놓고
기도하자 -

건어물 장사를 하는 저의 친척은 개신교회의 독실한 권사입니다. 그런데 지난해 가을 '이제 교회 그만 다니겠다.'고 선언하였습니다. 이유는 이렇습니다. 그동안 교회 열심히 다니며 하나님께 충성을 다했는데, 하나님이 자신의 기도를 들어주지 않았다는 것입니다.

아들이 모 호텔 세입자로 있는데 사장이 불공정하게 수차례 약속을 이행하지 않아 술마시고 화김에 기물을 부수고 종업원을 폭행하여 경찰서에 구금되었습니다. 친척은 하나님께 아들이 구속 되지 않게 해달라고 간절히 기도했지만 끝내 기도는 이루어지지 않았습니다. 친척은 단단히 화가 났습니다. '하나님께서 내게 어찌 이러실 수 있느냐?'며 하나님에 대한 분노가 마음에 가득 찼던 것입니다.

세상에 믿을 분은 하나님밖에 없다며, 하나님께 모든 것을 맡기고 살던 분이 이런 말을 할 때 그 심정이 오죽했겠습니까? 실망과 분노로 증오심이 극에 달해 있었을 것입니다. 하나님을 믿어도 아무 소용이 없다고 생각했을 것입니다. 한 이불속에서 살을 맞대고 살던 부부가 갈라서는 심정이 이와 같을 거라는 생각이 들었습니다.

사람들은 사람으로서 어찌할 수 없는 재난이 닥치거나 불행한 일이 발생하면, 으레 "하나님도 무심하다", "하나님이 원망스럽다"는 말을 많이 합니다. 불행의 원인을 하나님에게 돌리고 있습니다. 그리고는 하나님에게 불행을 행복으로 바꿔달라고 빕니다. 하나님은 사람을 보호해주고, 사람에게 복을 주는 분으로 믿기 때문입니다. 대부분 종교가 그렇게 신도들을 교육했기 때문이라고 봅니다.

그런데 소원이 이루어지지 않으면, '하나님은 몰인정한 분이다', '하나님은 없다'며, 하나님을 원망하고 농락합니다. 하나님은 영광을 받고 사시면서 자신의 고통을 외면한다는 생각 때문입니다. 저도 지난날에 하나님을 원망한 적이 있습니다.

먼저 하나님의 심정과 사정을 생각해 봐야

의외로 하나님을 원망하는 사람은 무신론자보다 유신론자가 많고, 원망의 강도도 훨씬 센 것 같습니다. 하나님을 믿지 않는 사람들은 잘못된 일이 벌어지면, 대부분 조상 탓이나 자기 탓으로 돌리며, 하나님에게 해달라는 기도를 하지 않습니다. 종교인들은 열심히 교회나 절에 다니며, 평화와 박애정신을 배우지만, 내면을 들여다보면, 자신과 가족의 안녕과 복을 비는 기복적 심성이 적지 않게 자리잡고 있음을 알 수 있습니다. 기복신앙은 신앙대상과의 관계보다는 자신의 유익을 구하는 것이 목적입니다. 엄밀히 따져보면 기복신앙은 종교의 가르침은 아닙니다.

자연과학 서적 중 인류의 세계관에 큰 영향을 끼친 책이 《종의 기원》입니다. 그 책을 써서 '기독교의 신을 자연법칙의 신'으로 대체시킨 다윈도 기독교인이었습니다. 다원주의는 나치즘과 공산주의와 무신론에 기름을 붓고 불을 붙인 결과를 낳았습니다. 공산주의자, 독재자나 무신론자들은 철저한 과학적 유물론자들입니다. 하나님을 믿던 다윈이 하나님을 부정하는 데 있어 일등공신이 된 것입니다.

　기독교인들 중에는 자신과 가족에게 불행한 일이 일어나면, 하나님께 이루어달라고 기도하다가 이루어지지 않으면 하나님을 원망하고 신앙을 버리는 사람도 있습니다. '병 낫게 해주세요', '돈 잘 벌게 해주세요', '자식 잘 되게 해주세요' '이것 해주시고, 저것 해주세요' 떼를 쓰며 하나님을 자기 종으로 부리려는 사람은 언제든지 하나님을 원망하고 배척할 가능성이 잠재해 있는 사람들입니다. 이렇다 보니 하나님처럼 불쌍한 분도 없는 것 같습니다. 사람들은 하나님은 단지 허공에서 존재하는 신이고, 사람이 마음대로 대하고, 사람이 편리한 대로 이용할 수 있는 존재로 여기고 있습니다.

　예수를 구원받으려고 믿거나 하나님께 무작정 달라고 믿는 사람은 하나님의 종도 아니고, 하나님을 종으로 부려먹는 죄인일 것입니다. 그 심보가 욕심부리는 거지와 다를 게 뭐가 있겠습니까? 부모는 자녀가 어릴 적에는 해달라는 대로 해주며 기르지만, 어른이 되어서도 해달라고 조르면 고통스럽습니다.

　사람들은 하나님이 마음으로 무엇이든지 되라고 하면

되고, 생겨라 하면 생기게 하는 그런 하나님으로 생각하는 듯합니다. 하나님도 하나님이 자연법칙을 정해 놓았으면 그에 따르지 않을 수 없는 분일 것입니다. 악도 강제로 막을 수 없고 죽일 수도 없으며, 노력 않고 얻으려고 하는 데에는 어찌 할 수 없는 분이 하나님이 아닌가 생각됩니다. 하나님은 사람과 만물을 창조한 부모이고, 우주를 주재하는 분이기 때문입니다.

하나님 심정·사정 생각하는 신앙이 성숙한 신앙

무엇이 잘못되거나 안 되면 그 원인을 찾아서 바로 잡으려고 노력할 생각은 하지 않고 하나님을 원망하고, 하나님에게 해달라고 매달리며 하나님을 괴롭히는 것은 사람으로서의 올바른 태도가 아닐 것입니다. 우주의 수많은 행성중 하나인 지구는 사람이 편안하게 살 수 있도록 안전하게 운행되고 있습니다. 태양과 비와 공기가 지구상의 모든 생명체에게 생명력을 주고 있고, 악의 세상이 되지 않고, 동식물의 생명이 영속되는 것 모두가 자연적으로 그리되겠습니까? 생명의 기운을 주는 생명의 근본 원인자가 있기 때문일 것입니다. 사람의 눈에 보이지 않는 창조주신 하나님의 힘에 의해서일 것입니다. 하나님은 이처럼 사람을 위해 고생하며 애를 쓰고 있는데, 하나님에게 해달라고 손만 벌리면 하나님은 얼마나 답답하시겠습니까?

자기 능력대로 열심히 노력하여 얻은 대가로 자기 분수에 맞게 사는 것이 자연의 법칙에 순응하는 삶입니다. 지구상에 존재하는 생명체 중 스스로 살아가지 않는 생명체가 어디 있습니까? 사람이 모두 대통령이 되면 누가 시장이 되고, 누가 반장이 되며, 농사는 누가 짓고, 청소는 누가 하겠습니까? 태양과 달과 별이 왜 다르며, 동물은 왜 여러 가지이고, 식물은 왜 여러 가지이겠습니까? 왜 이렇게 복잡할까요? 필자는 우주 만물 일체가 조화를 이루게 하기 위함이라고 생각합니다.

하나님이 사람을 "하나님의 형상대로 창조하였다"는 말씀은 '하나님처럼 자존자가 되라'는 의미로 한 말씀이라는 생각이 듭니다. 사람이 스스로 노력하여 얻은 대가로 먹고 선하게 살면 자존하는 사람일 것입니다. 자존자가 되려면 자유와 책임이 주어져야 합니다. 옳고 그르고, 해야 할 것과 하지 말아야 할 것을 스스로 알아서 할 수 있어야 합니다. 하나님이 사람이 원하는 대로 해주고, 이래라 저래라 간섭하면 사람은 하나님의 심부름꾼에 불과할 것입니다.

효자 효녀는 부모의 사정을 알고 부모가 기뻐하는 삶

을 살아서 부모의 마음 안에 있는 자녀입니다. 부모의 사정은 생각하지 않고 부모에게 자기 좋게만 해 달라고 조르는 자식은 근심의 대상입니다. 하나님을 편히 모셔 드릴 생각을 하는 것이 자녀인 사람의 도리일 것입니다.

하나님의 품안에 안기려고 하지는 않고 자기 소원만 이루어 달라고 기도하는 사람은 어린아이 같은 사람이며, 하나님을 이용하고 하나님을 부려먹으려는 사람이 됩니다. 이런 사람은 하나님이 하고자 하는 것과 하나님이 자기에게 바라는 것이 무엇인지 알려고도 하지 않습니다.

종교인들이 진실로 하나님을 믿고 하나님을 사랑하는 사람이라면, 자기 사정보다도 하나님의 사정과 뜻을 알려고 노력해야 하고, 하나님의 뜻을 놓고 기도한 후에 자기의 사정을 놓고 기도하는 것이 하나님 자녀로서의 합당한 마음가짐이 아닌가 하는 생각이 듭니다.

구심점이 왜 중요한가

구심점이 없으면 혼란이다.

진짜는 진짜이기 때문에 가만히 있지만 가짜는 불안해서 가만히 있을 수가 없습니다. 그래서 '나는 진짜'라고 떠듭니다. 가짜 바람이 더 거셉니다. 겉으로 보면 진짜 같은 행동을 하니 사람들은 하나님이 역사한다고 생각합니다. 진짜는 가만히 있으니까 모르고, 가짜가 진짜라고 외치니까 진짜인 줄 알고 속는 것입니다. 진짜는 은은하고, 가짜는 목소리가 더 큽니다. 욕심 많고 어리석은 사람은 큰 데로 가고 큰소리치는 데로 갑니다.

진짜는 끝까지 조용히 있어야 빛이 납니다. 가짜는 처음에는 요란하다가 갈수록 쫄아 듭니다. 가짜가 진짜라고 한다고 진짜가 될 수 없습니다. 팥을 심으면 팥이 나오는 것이 진리입니다. 때가 되면 알게 됩니다. 팥이나 콩이 어떤 나무인지 모르는 사람에게는 팥 나무를 콩 나무라고 할 수 있습니다. 팥 나무와 콩 나무를 모르는 사람은 속습니다. 그러나 열매가 열려서 그 열매를 까보면 그 나무가 콩 나무인지 팥 나무인지 알 수 있습니다. 가짜는 그때까지 밖에 못 속입니다. 알맹이를 까보기 전까지입니다. 그래서 옛 성인은 그 나무를 보면 그 열매를 알고, 그 열매를 보면 그 나무를 안다고 하였습니다. 속일 수 없는 것이 진리입니다. 가짜가 진짜가 되지 않는 것이 진리입니다.

진리를 소문난 데서 찾으려고 하지 말아야 합니다. 진리는 작고, 낮고, 협소한 곳에서 진리를 찾는 사람을 기다리고 있습니다. 진심이 있어야 진실이 있고, 진실이 있어야 진리가 있으며, 진리가 있는 사람이라야 진리를 알아보고 진리를 찾게 되는 것입니다.

<2018년 3월1일자 매일종교신문 취재기자:문윤홍대기자>

"구심점 없는 통일은 종파별 대립과 분열로 참혹한 결과를 초래할 수 있다"

"남북한 전체 국민이 공감할 수 있는 평화적 통일방안‥ 단군의 홍익사상 근간한 통일방안 필요… 北도 수긍할것"

"남북한 국민 모두의 뿌리 되는 국조를 중심한 통일방안이야 말로 종교, 이념 초월 한민족이 동질성과 정체성을 회복할 수 있다"

한민족이어서 반드시 통일해야 하나?…20대 절반
"동의 안해"

북한은 주체사상으로 굳게 뭉쳐있는 반면, 남한은 구

심점이 없어 혼란한 상태에 있습니다. 남한은 통일에 대한 관심도 떨어질 뿐만 아니라 젊은 층일수록 통일의 필요성을 느끼지 않는다는 숫자가 크게 늘고 있어 염려됩니다.

최근 한 조사 결과에 따르면, 20대의 절반 정도는 '남북한은 한민족이라 반드시 통일해야 한다'는 민족주의적 통일에 필요성을 공감하지 못하는 것으로 나타났습니다. 이는 최근 20, 30세대가 남북 여자 아이스하키 단일팀 구성에 대해 부정적 입장을 보인 것처럼 대북·통일 여론이 과거와는 많이 달라진 상황을 반영하고 있습니다.

2018년 1월24일 통일연구원이 지난해 12월말 발간한 '통일 이후 통합방안: 민족주의와 편익을 넘어선 통일담론의 모색'이라는 제목의 연구총서에 실린 북한과 통일 문제에 대한 의식조사 결과에 따르면 "남북이 한민족이라고 해서 반드시 하나의 국가를 이룰 필요는 없다"는 항목에 동의한다고 답한 비율이 전체 응답자의 41.1%였고, 반대는 23.6%에 그쳤습니다.

이번 조사는 국무총리실 산하 국책기관인 통일연구원이 한국리서치에 의뢰해 2017년 6~7월 만19세 이상 성인남녀 1,002명을 대상으로 일대 일 면접조사를 실시한 것이다. 같은 민족이라 해서 한 국가를 이룰 필요는 없다는 데 동의한다고 답한 세대별 비율을 보면 20대 49.7%,

30대 43.8%, 40대 43.8%, 50대 37.2%, 60대 이상 34% 등으로 젊은 층일수록 민족주의적 시각의 통일담론에 부정적 태도를 보였습니다. 연구원은 "민족주의에 입각한 통일담론은 그 설득력과 호소력을 잃어가고 있다"고 진단했습니다.

통일의 필요성이나 비용 편익 측면을 배제하고 응답자 개인에게 통일이 어떤 의미를 갖는지 알아보기 위한 "남북이 반드시 통일되어야 한다는 것이 나의 진정한 소망이다"라는 조사 항목에 대해서도 세대별 격차가 드러났습니다. 이 조사 항목에 동의한다고 답한 20대의 비율은 13.7%로 30대(18.2%)와 40대(22.6%), 50대(32.2%), 60대 이상(30.3%)보다 확연히 낮았습니다.

연구원은 "젊은 세대일수록 통일에 대해 부정적 생각을 갖고 있음을 발견할 수 있다"며 "강한 민족주의적 통일관을 가졌던 기성세대에 비해 젊은 세대에게 기존 민족주의 통일담론은 큰 호소력을 가지지 못한다"고 평가했습니다.

"남북한이 전쟁 없이 평화적으로 공존할 수 있다면 통일은 필요 없다"는 항목에 대해서는 응답자의 절반에 가까운 47.8%가 동의했습니다. 반면 동의하지 않는다고 답한 비율은 25.6%에 불과했습니다. 통일과 평화 중 평화에 더 의미를 둔 것으로 볼 수 있습니다. 여기서도 20대는 62.3%가 동의, 다른 세대에 비해 가장 높은 비율을 보였습니다.

연구를 진행한 이상신 통일연구원 부연구위원은 "그동안 왜 통일이 필요한지에 대한 제대로 된 답이 없었다"며 "한민족이니까 통일해야 한다는 감성적 민족주의 정서에 대한 호소가 전부였는데 남한은 이미 다문화 사회로 접어들었고 민족공동체 통일방안이라는 개념 자체가 상당히 낡았음을 조사를 통해 알 수 있다"고 말했습니다. 그는 이어 "이런 상황에서 남북 단일팀이 평화와 통일을 위해 필요하니 개인의 희생을 감내해야 한다는 식의 논리는 젊은 세대에게 통하지 않을 가능성이 크다"고 지적했습니다.

남북관계 해빙 조짐에 종교계도 교류 재개 기대감
서신 통해 "교류 활성화" 기원…NCCK 등 실무접촉 준비

정부가 김정은 북한 노동당 위원장의 2018년 신년사에 화답해 고위급 남북 당국회담을 제안하고 실무접촉을 통해 북한이 평창 동계올림픽에 참가하면서 종교계의 남북교류 재개에 대한 기대감도 커지고 있습니다. 개신교 단체인 한국기독교교회협의회(NCCK)와 천주교, 불교 등은 빠른 시일 내에 실무접촉이 이뤄질 것으로 내다보고 이를 준비하고 있습니다.

NCCK는 2018년 1월2일 논평에서 "김정은 위원장이 신년사에서 평창 동계올림픽 대표단 파견, 남북 당국자 회담, 민간교류 재개 의사를 밝히고 문재인 정부가 즉각 긍정적으로 화답한 것"에 대해 환영하면서 "남과 북, 한반도 주변의 강대국들이 평화 중재를 위한 남북 간 민간 차원의 교류를 촉진하고 확장하기를 촉구 한다"고 밝혔습니다.

앞서 북한의 조선그리스도교련맹(조그련)은 "NCCK가 자주통일의 새 국면을 열어나가기 위한 활동을 적극 벌여 나가리라는 기대를 표명 한다"는 내용의 신년 메시지를 1일 NCCK와 이홍정 총무 앞으로 보냈습니다. NCCK 관계자는 북측과 교류 재개를 논의하기 위해 "매년 초 중국 등지에서 개최해 온 조그련과의 실무접촉을 준비 중"이라고 전했습니다.

NCCK는 2017년 '8·15 광복절 기념 남북 공동 기도회'와 세계교회협의회(WCC)가 주최하는 '한반도 평화와 통일을 위한 국제협의회'를 북한에서 여는 방안을 추진했지만, 남북 관계가 경색되면서 잇따라 무산된 바 있습니다. 3·1 운동 100주년 기념대회 남북공동준비위원회 조직을 위한 논의도 중단된 상태입니다.

"구심점 없는 통일은 종파별 대립과 분열로 참혹한 결과를 초래할 수 있다"

천주교측도 북측으로부터 실무접촉 제안이 곧 올 것으로 기대하고 있으며 천주교 주교회의 민족화해위원회 총무 이은형 신부는 "매년 북측의 조선가톨릭교협회와 성탄 축하카드를 교환했는데 이번 성탄절에는 이례적으로 이틀 만에 북측으로부터 회신을 받았다"며 "현재의 어려움을 극복하고 앞으로 좋은 만남이 있었으면 좋겠다는 내용이 들어있었다"고 전했습니다.

민족화해위원회는 지난 2015년 소속 주교단이 방북해 북한의 장충성당을 복원하고 남측에서 정기적으로 사제를 장충성당에 파견해 미사를 봉헌하는 방안 등을 합의했으나 이후 남북 관계 경색으로 양측의 대화가 중단되면서 결실을 보지 못했다. 대화가 복원되면 중단됐던 이 사업이 중점적으로 논의될 것이라고 이 신부는 전했습니다.

남북 불교계 간에도 교류 활성화를 기원하는 새해 인사 서신이 오가면서 교류 재개에 대한 기대감이 커지고 있습니다. 대한불교조계종 총무원장 설정 스님은 1월1일 강수린 조선불교도연맹 중앙위원회 위원장에게 보낸 서신에서 "새해에는 민족의 화해와 단합을 위해 남북불교도들의 교류와 연대가 활발해지길 바란다"고 기원했고, 강 위원장도 남북불교도 사이의 연대 강화를 기원한다는 내용의 서신을 보냈습니다.

조계종 민족공동체추진본부 사무총장 진효 스님은 "빠른 시일 내에 불교계 교류 재개를 위한 실무접촉을 마련하려고 한다"며 "실무접촉에서 2015년 이후 중단된 남북공동법회를 재개하는 방안 등 양측의 만남을 지속적으로 이어갈 수 있는 사업들을 제안할 예정"이라고 덧붙였습니다.

종교로 본 평화적 남북통일 방안

이러한 남북교류 움직임에도 불구하고 염려되는 면이 적지 않습니다. 이에 대해 이옥용 회장은 "'이밥에 고깃국 먹게 해 주겠다'는 북한 주석 김일성이 많은 주민을 아사餓死케 했다. 인간의 상식으로는 도저히 이해가 되지 않지만 믿음은 죽음을 불사한 종교로 보면 이해가 되며 종교학자들은 북한의 주체사상을 세계 10대 종교로 본다. 2,500만명의 신도를 가진 '김일성교金日成敎'다. 김일성 주체사상이 경전"이라고 말했습니다.

이 회장은 "종교는 핍박과 고난을 받아야 뭉치고 성장해 나간다. 북한 주민에게 어버이 수령은 아직도 안 죽었다. 항상 그들과 함께 하고 있다. 그렇게 믿고 의존하게 만들었다. 결국 김일성이 김정은으로 환생한 것"이라고 주장했습니다.

"구심점 없는 통일은 종파별 대립과 분열로 참혹한 결과를 초래할 수 있다"

이 회장은 또 김일성의 남한 교회 침투전략에 대해서도 말했습니다. 김일성이 1974년 4월 대남對南공작원들에게 내린 교시내용을 인용해서 이렇게 밝혔습니다. "대남 공작원들이 남한에 침투해서 뚫고 들어가기 가장 좋은 곳이 어딘가 하면 성당이나 교회, 사찰 같은 종교시설이다. 이러한 곳에는 이력서, 보증서 없이도 얼마든지 들어갈 수 있고, 그저 성경이나 불경을 옆에 끼고 부지런히 다니면서 신임을 받을 수 있다. 일단 이렇게 신임을 얻어 가지고 그들의 비위를 맞춰가며 미끼를 잘 던지면, 신부 목사 스님들도 얼마든지 휘어잡을 수 있다. 문제는 대남공작원들이 남한의 현지 실정實情을 어떻게 잘 이용하느냐 하는데 달려 있다"는 것이었습니다. 월남이 패망한 원인중에 하나가 종교간 분쟁, 가톨릭과 불교의 싸움, 종교지도자들의 흔들림으로 국민의 마음을 혼미케 한데 있다고 이 회장은 주장했습니다.

종교가 생존하는 방법 중 하나가 신도들에게 교조와 경전에 몰입하게 해서 그 종교를 추종하게 하여 결국 종속시킵니다. 문제는 그렇게 해서 신도들로 하여금 자기 종교의 틀을 벗어나지 못하게 만듭니다. 하지만 이제는 종교도 현대문명의 급격한 변화에 제대로 대처하지 못하면 생존하기 어렵습니다.

이옥용 회장은 "우리나라는 다종교(종교백화점) 국가이다. 천도교 등 전통 민족종교를 비롯해 불교, 기독교, 천주교, 신흥종교 등이 혼재해 있다. 종교단체에서는 통일도 각 종교별로 북한을 성역화하려고 한다. 천주교나 개신교는 북한 땅을 예수 중심으로 복음화 하려고 하고, 불교는 석가모니를 중심한 불국토佛國土를, 천도교를 비롯한 민족종교들은 인내천人乃天사상으로, 통일교는 두익사상(하나님주의)으로 통일을 주장 합니다. 북한을 종교국가로 본다면 그들도 김일성 주체사상으로 한반도를 통일하려고 한다면 어떻게 되겠는가. 구심점을 잃고 배가 산으로 가는 격이 되고 만다"고 강조했습니다.

이 회장은 '종교로 본 남북통일 방안'을 이렇게 제시했습니다. 종교가 추구하는 통일방안도 일리가 있지만, 무엇보다도 우리 국민 가운데 종교를 거부한 무종교인이 56%(통계청자료)있고, 빠르게 무종교시대로 가고 있는데 자기 종교의 교조와 경전의 주장으로 남북한 전체 국민이 공감할 수 있는 평화적 통일방안이 되기 어렵다는 것입니다.

"강화도에 민족교육장 만들어 국민 교육하자"

이 회장은 우리 한민족의 시조인 단군이 제창한 '홍익인

"구심점 없는 통일은 종파별 대립과 분열로 참혹한 결과를 초래할 수 있다"

간 이화세계' 弘益人間 理化世界 정신을 근간으로 하는 통일방안을 제시했습니다. 이는 북한에서도 동의할 수 있는 부분이라는 것입니다.

김일성이 주체사상을 정당화 시키기 위해 단군릉을 복원해서 성역화 해놓고 단군을 믿게 했다는 주장도 있고, 단군은 신화이고 우상이라 내세우는 종교도 있지만, 통일과 화합을 위해서라면 없는 것도 만들어서 해야 하는데 단군은 역사적 근거가 있습니다. 남북한 국민 모두의 뿌리가 되는 국조를 중심한 통일방안이야 말로 종교나 이념을 초월해 한민족이 비교적 쉽게 하나 되는 동질성과 정체성을 회복할 수 있다는 것입니다. 그래야만 진정한 평화 통일을 기대할 수 있다는 게 이 회장의 주장입니다. 그렇지 않으면 각 종파별 대립과 분열로 오히려 더 참혹한 결과를 초래할 수밖에 없다는 것입니다.

이러한 혼란을 사전에 막으려면 민족교육이 필요합니다. 그러면 민족교육을 어디에서 어떻게 할 것인가. 이옥용 회장은 국조 단군을 기리는 전통이 있는 강화도 참성단 인근에 민족교육장을 만들어 한민족의 근본(뿌리)을 교육하자고 제안했습니다. 이곳에서 남북한 학자와 전문가들이 만나 협력하여 국민을 교육하자는 것입니다.

나를 행복하게 만들자

내가 행복하지 않는데 무슨 행복인가

사람의 심성이 거칠어지고, 영악해지고, 잔인해져 가고 있습니다. 비인간화되어 극단으로 치닫고 있습니다. 수단과 방법을 가리지 않고 물질을 끌어 모으며, 인정사정 없이 남을 짓밟아 인간성을 상실해 가고 있습니다. 사람은 이미 우주의 질서를 파괴하는 주범이 되었고, 동족을 살상하는 마귀보다 더 무서운 존재로 변해버렸습니다. 이러한 오늘날의 세상을 "낙원이다, 천국이다"라고 말하는 사람은 없을 것입니다.

이옥용의 마음치료법

　매일종교신문 이옥용 회장은 어릴 때부터 종교에 대한 관심이 깊었다. 삶과 죽음의 문제에 대한 연구를 끊임없이 추구해 전국을 돌며 소위 '도를 닦는' 구도자 과정을 거쳤다. 다양한 종교 편력을 거치며 그가 형성한 것은 초교파적, 범종교적 시각이다.
　항상 구도자적 자세를 가진 그가 이번에는 마음 연구에 나섰다. 이를 위해 현대 정신의학을 비롯해 심리학, 종교학 등을 섭렵하는 과정을 거쳤다.
　그리고 그 연구 결과를 ① 나의 정체를 알자 ② 나의 의식과 몸 ③ 나의 마음구조 ④ 나의 마음치료법으로 정리해 팸플릿도 만들었다. 주변 사람들에게 복음 전하듯 알려주고 싶어 알기쉽게 정리한 것이다. 본지는 이를 4회에 걸쳐 연재하는 동시에 팸플릿도 사진으로 게재해 놓는다. (인터넷 매일종교신문에 게재된 기사임. 편집자 주)

① 나의 정체를 알자

내 안에 빛과 어둠이 있다

지구 안에서 세상을 보는 시대를 지나 우주에서 지구를 보는 시대가 도래하였다. 과학은 로봇이나 인공지능(AI)을 통해 실재와 가상이 통합돼 사물을 자동적, 지능적으로 제어할 수 있는 가상물리 시스템을 구축하는 제4차 산업혁명을 일으켰다.

인간의 행복한 삶을 위한 육적·물질적 세계는 과학을 통해 급속히 발전하고 있지만, 내면·정신세계는 여전히 제자리걸음이다. 이로 인해 사람들은 스트레스가 쌓이고, 많은 질병을 앓고 있다. 세계보건기구(WHO)에서는 인간의 병이 마음에서 오는것이 80%라고 했다.

성인들은 '너 자신을 알라', '천국은 네 마음 안에 있다', '일체유심조', '우주주관 바라기전에 자아주관 완성하라', '인간이 곧 하늘이다'고 가르쳤다. 마음의 중요성을 일깨워 주었다. 그러나 고통 받는 마음을 치유하고 다스리기 위한 수행과 참선, 명상, 요가 등은 잠시 위안을 줄 뿐 마음속의 근본은 알 수 없고 문제는 해결해 주지 못하고 있다.

② 나의 의식과 몸

인간의 뇌는 고통을 느끼지 못한다

나의 의식과 몸

* 아래 오관을 일컬어 의식이라 한다.

오관(시각, 청각, 촉각, 미각, 후각) 인체의 감각 기관 중에 피부(촉각)가 50%, 시각 40%, 청각, 미각, 후각이 10% 차지한다.

위의 의식을 통해 알고 체감하는 것들은 저장 마음(잠재의식)으로 자동 저장된다.

* 인간의 뇌는 몸무게 2%밖에 차지하지 않지만 우리가 섭취하는 음식물의 20%를 소모하고 전체 피의 15%를 사용한다. 뇌는 1,000억 개 신경세포 접합부를 가지고 있어서 뇌 속의 상호 연결은 사실상 한계가 없이 무한정이다.

인간의 뇌는 고통을 느끼지 못한다

머리가 아픈 것은 뇌를 싸고 있는 근육에서 오는 것이다. 뇌에 고통(강한 스트레스)이 가슴 통증으로 오며 가슴에 쌓이고 위장장애도 일으킨다.

* 인간의 두뇌 용량은 무제한의 자유용량이다. 엄청난 용량이기 때문에 곧잘 허구가 성립될 수 있다. 동물의 두뇌는 거짓을 수용할 만큼 용량이 크지 않다.

* 신경세포 1초에 1,000번 이상 방전한다.

* 혈관 핏줄(동맥, 정맥, 모세혈관)길이 120,000km 지구둘레 40,008km(지구 3바퀴). 피가 몸을 한 바퀴 도는 데는 46초가 걸린다.

* 인간의 눈은 이상 조건에서 10,000가지의 색을 구분할 수 있지만 보통은 150가지 만 구별해 낸다.

* 두 개의 콧구멍은 3~4시간 마다 교대한다.

* 인간의 몸은 10만조 개의 세포로 구성되어 있다. 1분에 3천 5백만 개가 죽는다.

식사는 정한시간에 하는 것이 건강에 필수다

(식사 후 30분 안에는 강한 위산이 나와 음식물을 분해 시켜 영양소를 분산시킨다.)

- 혈액 20%가 뇌에 있고 몸에 80%로 순환하는데 식사가 끝나면 60% 혈액이 위로 집중하여 소화를 돕는다.

- 식사 후 30분 동안은 휴식하는 것이 음식물을 소화시키는데 도움이 된다.

- 간식은 하지 않는 것이 좋다.

- 도시에 산소는 19~20ppm인데 반해 산에는 25~27ppm이다.

- 세계보건기구에서는 공기오염으로 인해 8명 중에 1명이 사망한다.

- 사람의 죽음(호흡이 멈춤) 후에도 청각이 약 7분 정도 살아 있어 사람의 육성을 들을 수 있다.

- 사람이 살아 있을때 음식물을 분해하는 소화효소들은 사람이 죽으면 몸을 분해하는 작용을 한다.

③ 나의 마음구조

저장 · 자아 · 본능 · 무의식 마음

나의 마음 구조

1. 저장 마음(잠재 의식) 표면 세계
- 엄마 뱃속 태아부터, 의식(오관)에서 받은 것을 저장하는 곳이다.

임신 전도 중요하지만 임신 후 마음가짐과 행동이 태아 마음에 영향을 준다.

〈심은대로 거둔다〉 잠재의식 속에 들어있는 수준대로 말과 행동하게 한다(끊임없이 배워서 알아야 수준이 높아진다). 심장이 끊임없이 박동하듯이 보고, 듣고, 배우고, 체감한 것들이 생각으로 끊임없이 솟구치게 하고 있다.

2. 자아 마음

• 통제, 조절, 분별

1. 3. 4.에서 오는 것들을(자동차 핸들) 나를 자동차로 본다면 운전교육이 필수이듯이 마음구조도 알아야 한다.

심장이 끊임없이 박동하듯이 생각도 끊임없이 솟구치고 있는 생각을 통제 조절하고 분별할 수 있어야 한다.

3. 본능 마음

• 태어나기 전부터 있는 동물 마음
  만족, 반항, 생존 번식

4. 무의식 마음(내면 세계)

〈빛〉 사람의 마음에 일어나는 여러 가지 감정과 뜻밖에 갑자기 일어나는 좋지 않은 일을 전환 시킬 수 있고 자율신경의 생체리듬 조절 관리하는 무한한 능력과 지혜를 가지고 있다.

〈어둠〉 의식에서 받은 것 중에 충격과 상처받은 것 등을 기억하고 생각하고 싶지 않은 의식(나쁜)을 저장하는 곳이다. 온갖 번뇌와 망상을 만들고 여러 형상을 만들어 한 입으로 여러 목소리도 내고 상대에게 배려가 없고 독단적이고 정당화하고 합리화 시킨다. 자아마음의 통제를 받지 않고 언행하게 하며, 의존케 하여 자신을 노예로 만든다. 심장이 끊임없이 박동하듯이 이런 생각들을 끊임없이 솟구치게 하고 있다.

* 어둠을 많고 적게 가지고 있는 사람의 차이는 언행에서 볼 수 있다.
* 무의식 마음은 밖(표면 세계)을 모른다.
* 저장 마음도(내면 세계)을 모른다.
* 이 두 가지 정체를 '자아 마음'이 확실하게 알아야 자유를 얻을 수 있고 자아완성의 길로 갈 수 있다.

④ 나의 마음치료법
자율신경 명령과 호흡의 조화

감성적으로 명령하라 시행후 명령결과를 심어주라

나의 마음치료법

- 몸과 마음을 분리한다는 생각을 가지고 긴 한숨을 쏟아내며 몸을 이완시킨다(3회).

- 태양을 의식하며 태양의 빛을 나의 손바닥에 모은다는 명령을 자율신경에게 한다. 양손으로 머리를 감싸며 '뇌 안에 어두운 것들(불안, 공포, 우울, 강박관념, 번뇌, 망상)을 태워 한 숨으로 쏟아내 버린다 (3회).
- 뇌세포 활성화시켜 치매예방도 되고 머리가 맑아지고 상쾌해진다.

- 태양을 의식하며 태양의 빛을 양손 엄지에 모아 양 가슴을 자극있게 누르며 자율신경에게 명령한다. '가슴에 얽히고 설킨 스트레스와 한과 고통을 빛으로 태워 한 숨으로 쏟아내 버린다(3회).
  - 답답한 가슴이 시원해지며 마음이 안락하고 편안해 진다.

- 태양을 의식하며 태양빛을 코로 들이키며 자율신경에게 '내 몸속의 세포를 정화시키라'고 명령한 다음 (MRI촬영하듯이) 태양빛을 뒷머리에서부터 양쪽 발 끝까지 밀고 내려갔다가 다시 앞 발 끝에서부터 다리와 오장육부와 앞머리로 밀고 온 후 숨을 길게 쏟아내 버린다(3회). 태양빛을 코로 들이킬 때 숨을 참고 한 바퀴 돌리고 마지막에 숨을 쏟아 버린다.
  - 마음이 안락하고 편안해 진다. 모든 세포가 정화되고 피로감이 없어진다.

⑤ 계시 · 신통력
자율신경 명령과 호흡의 조화

시대변화에 대처하지 못하고 '계시와 신통력'에 의존하면 쇠퇴

무엇이 잘못되거나 잘 안되면 그 원인을 찾아 바로 잡으려고 노력할 생각은 하지 않고 '신의 계시와 신통력'을 받아 해결하려는 인간의 보편적 심리가 있습니다. 종교가 이런 심리를 이용하여 문제들을 해결해 줄 수 있다고 한다면 그것은 진정한 종교의 가르침이 아닙니다.

지구상에 존재하는 생명체 중 스스로 살아가지 않은 생명체가 어디 있습니까? 의존하지 않고 자기 능력대로 열심히 노력하여 얻는 대가로 자기 분수에 맞게 살도록 독려하는 종교가 이 시대에 필요한 것입니다.

종교가 다양하고 분파로 갈라지는 근본원인은 경전에 대한 견해 차이도 있지만, 신의 계시로 인한 경우가 많습니다. 신흥교단은 대부분 교주의 새로운 계시에 의해 형성됩니다. 새 시대와 새 지도자 탄생을 선포하고, 새 진리가 출현했음을 알립니다. 이들은 계시 받고 환상 보고, 방언하는 것을 신앙의 으뜸으로 선동하며, 목적을 위해 수단을 정당화하기도 합니다.

기도와 금식, 철야 등 정성생활에 치중하게 만들고 표적을 내세워 미혹하고, '무조건 믿고 시키는 대로 하면 성숙하게 해주고, 복 받게 해주고, 죽으면 천당 가게 해준다'는 말로 현혹합니다. 안되면 '네가 정성이 부족하고 너희 조상이 죄가 많아서, 계율대로 실천못했기 때문이니 너의 책임이다.'라고 윽박지르기까지 합니다.

우리나라에는 자신을 미륵불, 구세주라는 사람이 200여 명, 하나님이라 자처하는 사람이 50여명 있습니다. 조직화하지 못한 구세주, 하나님은 그 수를 헤아리기 어려울 정도입니다. 영적계시에 의해 형성된 100여 신교단에 180여만 명의 신도가 있습니다. 교주를 신적 존재로 믿는 게 특징입니다. 아는 것만큼 보이고 준비하고 노력한 만큼 얻는다는 정도를 무시하고 거창한 구호와 표적을 보이며 달콤한 말로 구원해주고, 복 받게 해주고, 병 낳게 해준다는 유혹에 넘어가 가정을 등한시하게 하고, 자식들을 버리고, 이혼하고, 직장을 그만두고, 학업마저 포기하고, 평생 그 들에서 벗어나지 못한 신앙자가 있다는 것입니다.

- 성경 마태복음 24장 24절에는 '거짓 그리스도들과 거짓 선지자들이 일어나 큰 표적과 기사를 보이며 할 수만 있으면 택하신 자들을 미혹하게 하리라' 마 12장 39절, 16장 4절 '악하고 음란한 세대가 표적을 구한다'는 말씀이 있습니다.

- 석가도 제자 목건련에게 '신통을 행하지 말라'고 했습니다. "신통력은 진리 성취함에 있어 삿된 도가 되기 때문이다"고 했습니다.

- 다석 유영모는 "이적은 진리가 아니므로 홀리지 말아야 한다"고 주의를 주었습니다.

- 創道者 신통조화는 그림자요. 허상이지 진리의 실상이 아니다. 진리 공부에 방해된다고 창도자들은 경계해야 한다고 했습니다.

- 가톨릭에서는 계시에 대해 다음과 같은 5가지 규정을 두고 신도들을 지도하고 있습니다. 첫째, 공적 진리에 부합되는가? 둘째, 그리스도교 신앙과 일치하는가? 셋째, 교도권의 가르침과 일치하는가, 체

험자가 교도권에 순응하는가? 넷째, 사적 계시 받은 사람이 모든 면에서 정상인가? 다섯째, 사적 계시가 참다운 영적 결실을 보게 하는가?

<매일종교신문 2018년4월25일자 취재기자: 문윤홍대기자>

"우주에서 지구를 보는 시대에 종교는 새로워져야 한다"

- 이옥용 회장 '나의 정체와 영계실상' 발표…

요즘 '나는 누구인가?' 하고 자기 정체성을 찾는 이들이 늘고 있다. 이와 관련된 강연이나 책들도 많이 나오고 있어 주목된다. '나의 정체正體'를 바로 알아야 삶을 올바르게 살 수 있다는 의미일 것이다.

수많은 구도자와 수행자들은 '나는 누구이며 무엇이다'를 기본적 자기 정의로 전제하고서 '나는 누구이며 무

나의 정체와 영계실상

■일시: 2018년 4월 25일 오후 2시 ■장소: 청파동 협회본부 4층 청파가정교회 ■주최: 청파가정교회

강의장 현수막

엇인가?'라는 '존재'적인 측면의 의문을 해결하려고만 한다. 그러나 이러한 의문을 해소시키기 위해서는 육신과의 동일성으로 비추어진 '지금의 나' 즉, '나는 누구이며 무엇이다'라는 전제로서 여기고 있는, 그 믿음을 먼저 해체시켜야 한다. 정말 '나'는 누구이기는 한 걸까? 정말 '나'는 무엇이기나 한 걸까? 지금까지 당연시 하고 있던 이것이 정말 '나'일까?

"한국 종교의 신자수 급격한 감소 추세"

지난 4월 25일 오후 서울 용산구 청파동 세계평화통일 가정연합 본부 건물 4층에 있는 청파가정교회 성전에서는 이 교회 신도들을 포함한 다수의 청중이 참석한 가운데 조금 특별한 강연이 있었다. 매일종교신문 이옥용 회장이 '나의 정체와 영계실상'이라는 제목으로 특강을 한 것이다. 이 회장은 평소에 신神과 종교의 문제에 관해 천

착해오면서 국내유일의 범종교 신문 〈매일종교신문〉을 창간해 종교간 갈등을 해소하고 종교평화를 추구해 왔고, 최근엔 역작力作『벼랑 끝에 선 종교』라는 저서를 내놓기도 했다. 그는 이 책에서 현재 각 종교가 안고 있는 문제가 심각하고 점차 종교가 사람들로부터 외면 받고 있는 현실을 적나라하게 지적했다.

사람의 인지認知는 날로 발달해 인공지능(AI)으로 대표되는 4차 산업혁명 시대에 살고 있는데 각 종교의 경전이나 가르침은 시대에 크게 뒤떨어져 있고 종교인의 의식도 그러하다는 것이다. 이 회장은 가톨릭평화신문의 사설 '한국 교회 통계 2017, 위기 지표들'(4월22일)을 인용하면서 요즘 많은 사람들이 종교를 외면하는 이유에 대해 설명하였다. 다음은 가톨릭평화신문의 그 사설을 일부 인용한 것이다.

'한국 천주교회 현실을 알려주는 「한국 천주교회 통계 2017」이 4월12일 발표됐다. 총 인구 대비 가톨릭 신자 비율이 꾸준히 늘어 처음으로 11%를 달성했지만 통계 세부 항목들을 살펴보면 한숨이 절로 나온다. 한국 가톨릭교회에 위기 경보를 울리는 지표들이 훨씬 더 많기 때문이다. 주일 미사 참여자는 신자 총수의 19.4%에 불과하다. 미사 참여율은 1999년 처음 20%대(29.5%)로 떨어졌고

▲ 이옥용 회장이 가톨릭평화신문을 들고 「한국천주교회 통계 2017」에 대해 설명하고 있다.

2016년 10%대(19.5%)를 기록했다. 신자 5명 중 1명만이 '겨우' 미사에 나오고 있다는 뜻이다. 세례성사 증감률은 전년과 비교하면 16개 교구에서 모두 감소했다. 충격이 아닐 수 없다. 특히 '선교의 황금어장'이라 불렸던 군종교구는 -25.7%를 기록했다. 게다가 절반이 넘는 교구가 -10%대를 기록했다.

고령화 현상은 이미 가톨릭교회의 피할 수 없는 과제가 됐다. 전년 대비 연령별 신자 증감률에선 60세 이하 신자는 줄고 그 이상 연령대는 급격히 늘고 있음이 확인됐다. 성직자 고령화도 심화되고 있다. 갈수록 떨어지는 미사 참여율과 늙어가는 교회 현상은 어제오늘 거론된 문제가 아니다. 지난 십수 년간 이러한 위기지표에 대응하고 대책을 마련해야 한다는 목소리는 높았지만, 해마다 나오는 통계를 보면 목소리만 높지 않았나 싶다. 사목자와 교회 구성원이 함께 머리를 맞대 문제를 풀어나가야 한다.

활기찬 신앙생활을 위해 진짜 필요한 것이 무엇인지 고민하고 교회를 떠나는 이들, 신앙을 외면하는 이들의 마음을 움직일 수 있는 방안을 구체적으로 마련해야 한다. 지금 이 시대에 걸맞은 새로운 복음화 노력이 그 어느 때보다 절실하다.'

이는 천주교만의 문제가 아니다. 개신교, 불교 등 기성종교와 신흥종교를 막론하고 모든 종교가 안고 있는 심각한 사안이다. 흔히 21세기는 탈종교화 시대라고 한다.

"종교인들 자신이 믿는 종교에만 몰입해 편협해져"

이 회장에 따르면 종교인들이 자신이 믿는 종교에만 몰입해 편협돼 있다고 지적한다. 그는 독일의 유명한 비교종교학자 막스 밀러의 말을 인용해 "하나의 종교만 아는 사람은 아무 종교도 모르는 사람과 같다"고 했다. 우물 안의 세계가 전부라고 우기는 개구리의 편협함과 크게 다를 게 없기 때문이다. 오늘 여기 모인 종교인들에게도 동일하게 적용될 수 있다는 것이다.

이후 이 회장은 사전에 배포된 자료 '나의 정체와 영계실상'을 중심으로 슬라이드를 통해 설명하면서 강연을 진행하였다. 이 자료는 '오늘의 나', '나의 의식과 몸', '나의 마음구조', '나의 마음치료법', '영계실상' 등 총5개 파트로

▲ '나의 마음구조'에 관해 설명하는 이옥용 회장

돼 있다. 그는 특히 '나의 마음구조'를 잘 알아야 한다고 강조했다. 마음은 (1)저장마음(잠재의식) (2)자아마음 (3) 본능마음 (4)무의식마음(내면세계) (5)계시·신통력이 있다. 오관을 통해 받은 것을 우리의 마음에 저장되기 때문이다. 어둠에 저장된 마음을 밝은 빛으로 끌어내야 건강한 삶을 살 수 있다고 했다.

빛의 마음에는 사람의 내면에서 일어나는 여러 가지 감정과 뜻밖에 갑자기 일어나는 좋지 않은 일을 전환시킬 수 있고 자율신경의 생체리듬 조절·관리하는 무한한 능력과 지혜를 갖고 있다. 심장이 끊임없이 박동하듯이 좋은 생각으로 끊임없이 솟구치게 하고 행동으로 나타내고자 한다. 어둠의 마음에는 의식에서 받은 것 중에 충격과 상처받은 것 등 기억하고 생각하고 싶지 않은 의식(나쁜)을 저장하는 곳이다. 온갖 번뇌와 망상을 만들고 여러 형상을 만들이 한 입으로 여러 목소리도 내고 성대에게 배

"우주에서 지구를 보는 시대에 종교는 새로워져야 한다"

려가 없고 독단적이고 정당화하고 합리화시킨다. 자아마음이 통제를 받지 않고 언행하게 하며, 의존케 하여 자신을 노예로 만든다. 심장이 끊임없이 박동하듯이 이런 생각들을 끊임없이 솟구치게 하고 행동으로 나타내고자 한다.

지구 안에서 세상을 보는 시대를 지나 우주에서 지구를 보는 시대 도래

이 자료의 첫 부분 '오늘의 나'에는 이렇게 기록되어 있다. '지구 안에서 세상을 보는 시대를 지나 우주에서 지구를 보는 시대가 도래했다. 과학은 로봇이나 AI를 통해 실재와 가상이 통합돼 사물을 자동적, 지능적으로 제어할 수 있는 가상물리 시스템을 구축하는 제4차 산업혁명을 일으켰다. 인간의 행복한 삶을 위한 육적·물질적 세계는 과학을 통해 급속히 발전하고 있지만, 내면·정신세계는 여전히 제자리걸음이다. 이로 인해 사람들은 스트레스가 쌓이고, 많은 질병을 앓고 있다. 세계보건기구(WHO)에서는 인간의 병이 마음에서 오는것이 80%라고 했다. 일찍이 성인聖人들은 '너 자신을 알라', '천국은 네 마음 안에 있다', '일체유심조一切唯心造', '우주주관 바라기전에 자아주관 완성하라', '인간이 곧 하늘이다'고 가르쳤다. 마음의

▲ 이옥용 회장이 몸속의 탁기를 몰아내는 건강운동을 시현하고 있다.

중요성을 일깨워 주었다. 그러나 고통 받는 마음을 치유하고 다스리기 위한 수행과 참선, 명상, 요가 등은 잠시 위안을 줄 뿐 마음속의 근본은 소수만이 알뿐 대다수가 모르고 있다.

이옥용 회장은 살아오면서 종교에 귀의해 여러 가지 체험한 내용과 수많은 종교지도자들과 종교를 접하여 직·간접적으로 경험한 내용들을 바탕으로 철학자, 심리학자, 과학자 등 전문가들의 자문을 받아 간단명료하게 정리하여 누구나 쉽게 이해하고 실행할 수 있도록 이 팸플릿을 만들었다고 했다. 그가 경험한 것들을 바탕으로 몸속의 탁기濁氣를 뽑아내고 건강하게 살아갈 수 있는 특별한 운동법을 개발해 이날 시현해 보였다. 일상생활 속에 이를 실행하면 마음병도 치유할 수 있다며 자신의 경험담도 들려주었다.

이옥용 회장은 시현이 끝난 뒤에는 참석자들과 질의응답의 시간을 가졌다. 다양한 질문들이 쏟아져 나왔다.

오늘의 나

지구 안에서 세상을 보는 시대를 지나 우주에서 지구를 보는 시대가 도래하였다. 과학은 로봇이나 인공지능(AI)을 통해 실재와 가상이 통합돼 사물을 자동적, 지능적으로 제어할 수 있는 가상물리시스템을 구축하는 제4차 산업혁명을 일으켰다.

인간의 행복한 삶을 위한 육적·물질적 세계는 과학을 통해 급속히 발전하고 있지만, 내면·정신세계는 여전히 제자리걸음이다. 이로 인해 사람들은 스트레스가 쌓이고, 많은 질병을 앓고 있다. 세계보건기구 WHO에서는 인간의 병이 마음에서 오는것이 80%라고 했다.

성인들은 '너 자신을 알라', '천국은 네 마음 안에 있다', '일체유심조(一切唯心造)', '우주주관 바라기전에 자아주관 완성하라', '인간이 곧 하늘이다'고 가르쳤다. 마음의 중요성을 일깨워 주었다. 그러나 고통 받는 마음을 치유하고 다스리기 위한 수행과 참선, 명상, 요가, 기도 등은 잠시 위안을 줄 뿐 마음속의 근본은 소수만이 알뿐 대다수가 모르고 있다.

나의 의식과 몸

> **아래 오관을 일컬어 의식이라 한다**
>
> 오관(시각, 청각, 촉각, 미각, 후각) 인체의 감각 기관 중에 피부(촉각)가 50%, 시각 40%, 청각, 미각, 후각이 10% 차지한다.

↳ 위의 의식을 통해 알고 체감하는 것들은 ① 저장 마음(잠재의식)으로 자동 저장된다.

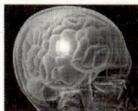

🍃 인간의 뇌는 몸무게 2%밖에 차지하지 않지만 우리가 섭취하는 음식물의 20%를 소모하고 전체 피의 15%를 사용한다. 뇌는 1,000억 개 신경세포 접합부를 가지고 있어서 뇌 속의 상호 연결은 사실상 한계가 없이 무한정이다.

🍃 인간의 뇌는 고통을 느끼지 못한다. 머리가 아픈 것은 뇌를 싸고 있는 근육에서 오는 것이다. 뇌에 고통(강한 스트레스)이 가슴 통증으로 오며 가슴에 쌓이고 위장장애도 일으킨다.

🍃 인간의 두뇌 용량은 무제한의 자유용량이다. 엄청난 용량이기 때문에 곧잘 허구가 성립될 수 있다. 동물의 두뇌는 거짓을 수용할 만큼 용량이 크지 않다.

🍃 신경세포 1초에 1,000번 이상 방전한다.

🍃 혈관핏줄(동맥, 정맥, 모세혈관)길이 120,000키로 지구둘레 40,008키로(지구 3바퀴). 피가 몸을 한 바퀴 도는 데는 46초가 걸린다.

🍃 인간의 눈은 이상조건에서 10,000가지의 색을 구분할 수 있지만 보통은 150가지 만 구별해 낸다.

🍃 두 개의 코 구멍은 3~4시간 마다 교대한다.

🍃 인간의 몸은 10만조개의 세포로 구성되어 있다.

🍃 식사는 정한시간에 하는것이 건강에 필수다

> · 식사 후 30분 안에는 강 위산이 나와 음식물을 분해시켜 영양소를 분산시킨다.
> · 혈액 20%가 뇌에 있고 몸에 80%로 순환하는데 식사가 끝나면 60% 혈액이 위로 집중하여 소화를 돕는다.
> · 식사 후 30분 동안은 휴식하는 것이 음식물을 소화시키는데 도움이 된다.
> · 간식은 하지 않는 것이 좋다.

🍃 도시에 산소는 19~20ppm인데 반해 산에는 25~27ppm이다.

🍃 깨끗한 물, 공기는 건강에 필수다.

"우주에서 지구를 보는 시대에 종교는 새로워져야 한다"

나의 마음구조

아래 4가지를 합해 마음이라고 규정한다

① 저장마음 ② 자아마음 ③ 본능마음 ④ 무의식마음

1. 저장 마음(잠재의식) 표면세계

- 엄마뱃속 태아부터, 의식(오관)에서 받은 것 저장하는 곳이다.
  임신 전도 중요하지만 임신 후 마음가짐과 행동이 태아마음에 영향 준다.
  잠재의식 속에 들어있는 수준대로 말과 행동하게 한다(끊임없이 배워서 알아야 수준이 높아진다). 심장이 끊임없이 박동하듯이 보고, 듣고, 배우고, 체감한 것들이 생각으로 끊임없이 솟구치게 하고 행동으로 나타내고자 한다.

2. 자아 마음

- 통제, 조절, 분별
  1, 3, 4에서 오는 것들을 (자동차핸들) 나를 자동차로 본다면 운전교육이 필수이듯이 마음구조도 알아야 한다.
  심장이 끊임없이 박동하듯이 생각도 끊임없이 솟구치고 있는 생각과 행동을 통제 조절하고 분별할 수 있어야 한다.

3. 본능 마음

- 태어나기 전부터 있는 동물마음
  만족, 반항, 생존본식(심장이 끊임없이 박동하듯이 건강하면 성욕이 생각나고 행동으로 나타내고자 한다.)

4. 무의식 마음(내면세계)

- **빛(태양)**
  사람의 마음에 일어나는 여러 가지 광명과 문제에 깊이가 있는 출처 많은 일을 착착 사람 수 있다. 저장 심장이 생리대로 조절 한다하는 무한한 능력이 자네를 가져서 원한. 심장이 뜨임없이 박동하듯이 혼을 생각으로 끊임없이 솟구치게 하며, 행동으로 나타내고자 한다.

- **어둠**
  의식에서 받은 것 중에 충격과 상처받은 것 등, 기억하고 생각하고 싶지 않은 의식(나쁜)을 저장하는 곳이다.
  온갖 번뇌와 망상을 만들고 여러 형상을 만들어 한 입으로 여러 목소리를 내고 상대에게 배려가 없고 독단적이고 정당화하고 합리화 시킨다. 자아마음의 통제를 받지 않고 언행하게 하며, 심장이 끊임없이 박동하듯이 이런 생각들을 끊임없이 솟구치게 하고 행동으로 나타내고자 한다.

- 어둠을 많고 적게 가지고 있는 사람의 차이는 언행과 결과에서 볼 수 있다.

① 저장마음 ④ 무의식마음을 모른다. ④ 무의식마음 ① 저장마음을 모른다.
- 이 두 가지 정체를 ② 자아 마음이 확실하게 알아야 자유암을 수 있고 자아완성의 길로 갈 수 있다.

나의 마음치료법

세계보건기구WHO 인간의 병이 심인성(마음)으로 오는 것이 80%다.
한국인 4명 중 1명은 정신질환을 겪고 있다. OECD 국가 중 자살1위 하루에 36명 자살

> **숙지사항**
> - 내 안에는 '빛의 마음' '어둠의 마음'이 있다는 것을 인식한다.
> - 빛(자율신경)에게 치료할 내용을 명령한 다음 한숨을 쏟아낼 때 몸 마음속에 온갖 찌꺼기 더러운 것들을 뱉어 내 버린다는 인식을 갖고 행한다.
>
> **명령**: 뇌 안에 어두운 것들 불안, 공포, 우울, 강박관념, 번뇌, 망상을 태워버려라!
> **시행후**: '머리가 맑아지고 상쾌해 졌다' 결과를 인식시킨다.

● 몸과 마음을 분리한다는 생각을 가지고 긴 한숨을 쏟아내며 몸을 이완시킨다(3회)

- 인간의 뇌는 고통을 느끼지 못한다. 머리가 아픈 것은 뇌를 싸고 있는 근육에서 오는 것이다.
- 뇌에 고통(강한 스트레스)이 가슴 통증으로 오며 가슴에 쌓이고 위장장애도 일으킨다.

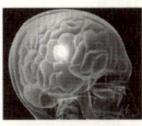

● 태양을 의식하며 태양의 빛이 나의 손바닥에 모은다는 명령을 자율신경에게 한다. 양손으로 머리를 감싸며 '뇌 안에 어두운 것들(불안, 공포, 우울, 강박관념, 번뇌, 망상)을 태워 한 숨으로 쏟아내 버린다(3회).
- 뇌세포 활성화시켜 치매예방도 되고 머리가 맑아지고 상쾌해진다.

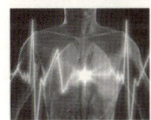

● 태양을 의식하며 태양의 빛을 양손 엄지에 모아 양 가슴을 자극있게 누르며 자율신경에게 명령한다. '가슴에 얽히고 설킨 스트레스와 한과 고통을 빛으로 태워 한 숨으로 쏟아내 버린다(3회).
- 답답한 가슴이 시원해지며 마음이 안락하고 편안해 진다.

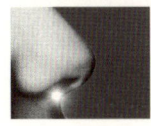

● 태양을 의식하며 태양빛을 코로 들이키며 자율신경에게 '내 몸속의 세포를 정화시키라'고 명령한 다음(MRI촬영하듯이) 태양빛을 뒷머리에서부터 양쪽 발끝까지 밀고 내려갔다가 다시 앞 발 끝에서부터 다리와 오장육부와 앞머리로 밀고 온 후 숨을 길게 쏟아내 버린다(3회). 태양빛을 코로 들이킬 때 숨을 참고 한 바퀴 돌리고 마지막에 숨을 쏟아 버린다.
- 마음이 안락하고 편안해 진다. 모든 세포가 정화되고 피로감이 없어진다.

"우주에서 지구를 보는 시대에 종교는 새로워져야 한다"

영계실상

무엇이 잘못되거나 잘 안되면 그 원인을 찾아 바로 잡으려고 노력할 생각은 하지 않고 '신의 계시와 신통력'을 받아 해결하려는 인간의 보편적 심리가 있습니다. 종교가 이런 심리를 이용하여 문제들을 해결해 줄 수 있다고 한다면 그것은 진정한 종교의 가르침이 아닙니다.

지구상에 존재하는 생명체중 스스로 살아가지 않은 생명체가 어디 있습니까? 의존하지 하지 않고 자기 능력대로 열심히 노력하여 얻는 대가로 자기 분수에 맞게 살도록 독려하는 종교가 이 시대에 필요한 것입니다.

종교가 다양하고 분파로 갈라지는 근본원인은 경전에 대한 견해 차이도 있지만, 신의 계시로 인한 경우가 많습니다. 신흥교단은 대부분 교주의 새로운 계시에 의해 형성됩니다. 새 시대와 새 지도자 탄생을 선포하고, 새 진리가 출현했음을 알립니다. 이들은 계시 받고 환상 보고, 방언하는 것을 신앙의 으뜸으로 선동하며, 목적을 위해 수단을 정당화하기도 합니다.

기도와 금식, 철야 등 정성생활에 치중하게 만들고 표적을 내세워 미혹하고, '무조건 믿고 시키는 대로 하면 성숙하게 해주고, 복 받게 해주고, 죽으면 천당 가게 해준다'는 말로 현혹합니다. 안되면 '네가 정성이 부족하고 너희 조상이 죄가 많아서, 계율대로 실천못했기 때문이니 너의 책임이다.'라고 윽박지르기까지 합니다. 우리나라에는 자신을 미륵불, 구세주라는 사람이 200여 명, 하나님이라 자처하는 사람이 50여명 있습니다. 조직화하지 못한 구세주, 하나님은 그 수를 헤아리기 어려울 정도입니다. 영적계시에 의해 형성된 100여 신교단에 180여만 명의 신도가 있습니다. 교주를 신적 존재로 믿는 게 특징입니다. 아는 것만큼 보이고 준비하고 노력한 만큼 얻는다는 정도를 무시하고 거창한 구호와 표적을 보이며 달콤한 말로 구원해주고, 복 받게 해주고, 병 낳게 해 준다는 유혹에 넘어가 가정을 등한시하게 하고, 자식들을 버리고, 이혼하고, 직장을 그만두고, 학업마저 포기하고, 평생 그 들에서 벗어나지 못한 신앙자가 있다는 것입니다.

● "사람도 섬길줄 모르면서 어떻게 신을 섬기느냐?"
　"삶도 모르면서 죽음을 묻느냐?"
　'아침에 도를 깨달으면 저녁에 죽어도 좋다'

● 다석 유영모는 "이적은 진리가 아니므로 흘리지 말아야 한다."고 주의를 주었습니다

● 가톨릭에서는 계시에 대해 다음과 같은 5가지 규정을 두고 신도들을 지도하고 있습니다. 첫째, 공적 진리에 부합되는가? 둘째, 그리스도교 신앙과 일치하는가? 셋째, 교도권의 가르침과 일치하는가, 체험자가 교도권에 순응하는가? 넷째, 사적 계시 받은 사람이 모든 면에서 정상인가? 다섯째, 사적 계시가 참다운 영적 결실을 보게 하는가?

● 석가도 제자 목건련에게 '신통을 행하지 말라'고 했습니다. "신통력은 진리 성취함에 있어 삿된 도가 되기 때문이다"고 했습니다.
　'너희들은 저마다 자신과 진리를 등불삼고 자기를 의지하라. 다른 것은 의지하지 마라'

● 성경 마태복음 24장 24절에는 '거짓 그리스도들과 거짓 선지자들이 일어나 큰 표적과 기사를 보이어 할 수만 있으면 택하신 자들을 미혹하게 하리라' 마 12장 39절, 16장 4절 '악하고 음란한 세대가 표적을 구한다"는 말씀이 있습니다.

일제시대 독립운동처럼 국가 장래 위한 종교화합 모색해야

종교편향과 갈등 치유할 국가지도자 나서야 할 때

단일민족인 우리 한민족이 다종교, 다문화사회로 변모할 것으로는 상상도 못한 일이었습니다. 다종교 다문화사회는 앞으로 더욱 심화될 것이며 이러한 사회에서 사회적 통합과 화합을 위해 누군가 나서서 해야 할 때입니다.

과거 독립운동을 했듯이 국가의 장래를 위해 종교화합과 상생을 위한 일을 도모해야만 합니다. 물론 각자의 종교를 바탕으로 한 투철한 신념과 그에 따른 사회와 국가에 대한 봉사정신이 요구됩니다. 창조주 신은 어느 한 종교만을 사랑하는 것보다는 이 세상을 사랑하십니다.

그런 의미에서 종교청년협의회와 매일종교 신문이 바람직한 다종교, 다문화사회를 위한 표어공모를 하여 자동차 스티커 붙이기 운동을 전개하고 있습니다. 스티커 그림에는 '통합 아닌 화합'이란 어구(語句)가 들어있습니다.

오늘 이 행사는 이런 취지에서 마련됐다고 생각합니다. 내놓고 발표하길 꺼리는 민감한 문제에 서로 반목하고, 비난하는 차원에서 벗어나 허심탄회한 토론을 통해 소통하고 발전적 미래를 모색하자는 것입니다.

미국 역대 대통령 45명중 가톨릭 1명의 대통령이 제외하고 모두 개신교인입니다. 그에 비해 한국은 개신교 4명, 무교 4명 불교 2명, 가톨릭 2명이 탄생했습니다. 그만큼 다 종교 국가임을 알 수 있습니다.

국가 지도자를 초청해 국가의 장래를 펼치는 이번 행사가 지속 되어서 '종교계의 관훈 토론회'로 정착하길 기대합니다.

(2011.4.19. 국가지도자초청토론회 축사)

모든 종교가 하모니를 이루는 큰 틀을 보자

　종교지도자와 국방 관계자들이 머리를 맞대고 '국가발전'과 '호국'을 논하는 것은 우리나라 역사상 처음 있는 일이 아닌가 생각합니다. 이렇게 뜻깊은 세미나에 범종교지를 표방해 온 매일종교신문 발행인으로서 후원하게 됨을 진심으로 기쁘게 생각합니다.
　이번 세미나는 종교 간 대화의 차원을 넘어 종교인들이 국가 발전에 협력하고 공통 관심사를 모색한다는 측면에서 매우 의의 있는 일이라고 생각됩니다. 종교 간 화합의 큰 진진이며, 또한 저희 신문이 추구하는 바와도 일치하기에 동참하게 되었습니다.

나라기 없이는 종교도 없습니다. 나라 없이 2000년 동안 유리방황했던 이스라엘 민족이 얼마나 비참하게 살았습니까. 과거 일제와 공산 치하에서 숨죽이고 살아야 했던 우리 역사를 보더라도 호국이 얼마나 소중한지 알 수 있습니다.

요즘 비종교인들과 젊은이들은 자기 종교의 이익만을 추구하는 종교의 현실에 거부감을 느끼고 있습니다. 이러한 상황에서 종교인들이 앞장서서 '국가 발전과 호국'을 위한 종교의 역할에 대해 합일점을 찾고 방향을 제시하는 것은 의미가 크다고 할 수 있습니다.

범종교지를 운영하기란 매우 어려운 일입니다. 특정 종교의 전문지가 아니기에 어느 종단에서도 협조 받을 수 없습니다. 그러나 창조주 신이 기뻐하시고, 만인과 만물이 화평하는 세상을 위해 도움 되고자 하는 바람이 있기에 그동안 뜻을 굽히지 않고 개인 재산을 털어 열과 성을 다해 만들고 있습니다.

저는 신문 제작에 관여하면서 사람의 인식을 넓혀 주는 참으로 큰 바다가 있다는 사실을 깨달았습니다. 모든 종교가 서로 하모니를 이루는 큰 틀을 본 것입니다. 한 사람이라도 더 큰 바다를 볼 수 있게 해 드리기 위해 최선을 다하는 신문이 되도록 하겠습니다.

오늘 투병 중인데도 참석하시어 기조 연설로서 세미나를 빛내 주신 박홍 신부님의 쾌유를 빕니다. 아울러 공사다망하심에도 발제자로 참석해 주신 김성영 총장님, 임인수 제독님 그리고 패널로 참석해 주신 오덕교 총장님, 김말환 교수님, 김동환 전 교령님께 감사드리며, 이 세미나를 위해 수고하신 강명구 사무총장께도 깊이 고마움을 전합니다.

끝으로 천안함 침몰사고로 전사한 고 민평기 상사의 어머니 윤 청자 씨가 1억 원을 국방헌금으로 맡기며, "국가 안보에는 온 국민이 하나 돼야 한다. 반대를 위한 반대는 하지 말라, 자기 당을 위한 안보도 말하지 말고, 국가와 국민을 위한 안보 의식을 가져달라:고 부탁했던 말을 상기하며, 이번 세미나가 좋은 성과가 있기를 거듭 기원합니다.

(2011.12.20. 국가 안보와 종교 축사)

종교 수장들과의 대담 면면

한국사회는 '종교백화점' '종교시장' '다종교사회'가 되었습니다.
종무과 등록된 단체의 수 (2011년 문화체육관광부 종무과 참조)
불교 265파, 개신교 232파, 천주교1, 유교1, 천도교1, 원불교1, 대종교1, 그밖의 종교 64, 등록하지 않은 종교단체도 많이 있다는 것입니다.
이렇게 많은 종교 중에 핵심적 종교를 선택하여 대담을 하였습니다.

'미망' 저술은 필자 개인의 소신보다 국내의 종교지도자들과의 대담
이나 토론을 통해 여과된 객관적 대안이란 판단이 옳을 것 같습니다.

가톨릭 김희중 (왼쪽)_천주교 광주대교구장(한국종교인평화회의 대표회장)

　대담하기로 한 장소에 가서 대기하고 있는데 시간이 지났는데도 김희중대주교가 오지 않아 동행한 편집인이 수행비서에게 문의하였더니 '김대주교가 급한 일이 생겨 대담하지 않겠다'고 한다는 것이다. '약속하고 왔는데 인사는 하고 가야하지않느냐'고 다시 가서 전하라고 필자가 권고했습니다. 그랬더니 김희중대주교와 수행비서, 공보비서, 신부 수녀를 대동하고 필자가 대기하고 있는 장소에 들어오면서 '금방가야한다' 필자와 인사를 하면서 말하는 것이었습니다. 필자는 '대주교님 뵙기도 어려운데 이렇게 만났으니 잠깐 앉아서 몇 말씀주십시오'하며 필자의 옆자리에 앉게하여 고향이야기 등을 하다보니 필자의 옆동네 사셨고 2년 선배였습니다. 자연스럽게 대담이 이루어졌습니다.

　대담에서 기억에 남은것은 '하느님은 숫자와 양量으로 일하시는 분이 아닙니다. 하느님의 뜻을 충실히 이행하는 소수 영적靈的인 사람이 더욱 중요합니다'

개신교 나채운 (왼쪽)_전 장로회신학대학교 대학원 원장, 대한성서공회 성서번역 개정위원 역임

많은 목사를 배출한 장로회신학대 나채운원장과 영락교회에서 대담하는데 성서학자로서 한국교회와 나라를 위해 끊임없이 활동하는 그의 열정과 성의를 체감하였습니다. 대학에서 정년퇴임할때 퇴직금전액을 기부하고 궁핍한 생활을 하시고 계시것으로 느껴져 하나님의 말씀을 온 몸으로 실천하며 살고 계시는 분임을 알게 되었습니다.

'신도수 자랑보다 하나님 말씀을 제대로 전해야 참된 교회입니다'라는 말씀을 강조하셨습니다.

대종교 원영진 (왼쪽)_대종교 제19대 총전교

홍은동 산 아래 현 시대와 거리감있는 듯한 건물과 주위환경이 해방전 독립군의 역사를 체감하는 것 같았습니다. 이 나라 이 민족을 위해 희생했던 대종교의 흔적들을 보고 머리가 숙여지고 미안한 생각이 들었습니다.

원영진 대종교 총전교는 "대종교는 단군을 교조로 민족고유의 하나님을 신앙하는 종교입니다"라고 강조하였습니다.

민족종교 한양원(오른쪽)_한국민족종교협의회 회장

 대담할 내용을 며칠동안 자필로 꼼꼼히 기록해 몇번 반복해서 보고 또 보셨다고 사무총장이 말했습니다. 필자와 대담중에도 한양원 회장님은 우리 민족, 정치, 종교의 역사를 한 눈에 보는 것 같았습니다. 구순 고령이신데도 한치의 흐트림없는 품행과 말씀에 필자는 감복했습니다.
 "모든 종교에는 도道가 있습니다. 이제는 사랑을 파는 종교에서 사랑을 나누어 주는 종교가 되어야 합니다" 라고 강조하시며, 어둡고 가리워진 곳을 밝혀 주는 등불이 되어 달라는 부탁의 말씀도 주셨습니다.

불교 황진경(오른쪽)_조계종 전 총무원장

 큰 스님이 보내준 사륜구동차로 직벽에 가까운곳에 있는 계룡산 신흥암에서 대담을 하는데 말씀할 수록 힘이 쏟아나는 황진경 큰 스님이었습니다. 나라의 안위와 남

북통일을 위해 다방면으로 활동하신 말씀을 경청하면서 깊은 산중에 계시면서도 불도에만 정진하시는 것이 아니구나 하는 생각이 들었습니다. 우리 일행을 맞이하기 위해 친필 휘호를 써 주시고 식사도 준비해 대접해 주셨습니다. 황진경 큰스님께서는 "성직자는 겸손하고 역사를 두려워 하다"고 강조하였습니다.

이슬람교   이주화 (왼쪽)_한국이슬람교 이맘

　신만종 이사장과 대담한 내용중에 적합하지 않은 부분이 있어 아주화이맘과 대담하는 것이 좋겠다는 제안이 있어 한남동 중앙성원에서 대담을 했습니다. 학자로서 이슬람에 관한 질문을 심도있게 했는데도 일목요연하게 답변하였고, 특히 필자는 이맘의 가족사에 관한 말씀에 깊이 공감하였습니다. 이주화 이맘은 '이슬람교는 '폭력아닌 평화·공존의 종교' 라고 강조하였습니다. 이슬람에 관해 공부하고 둘러 보는 계기가 되었습니다.

유교   서정기 (오른쪽)_30대 성균관 관장

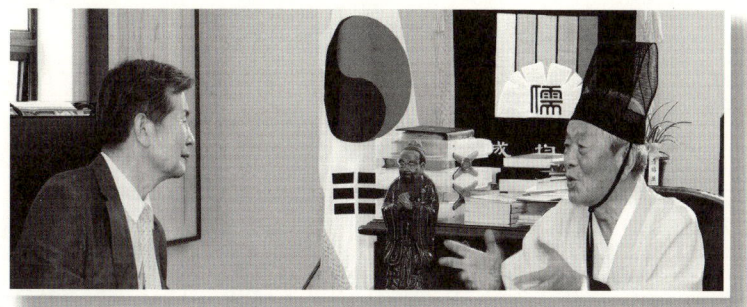

서정기 성균관장님은 대담중에도 강직함과 혁명적 기풍으로 필자를 압도하였습니다. 질문을 하면 즉각적으로 답변을 해주시는데도 놀라웠습니다. 교황을 만났을때 "신도들이 제사를 모실 수 있도록 허락해 준 것에 감사하다"는 말을 했다는 말을 듣고 인상 깊었습니다. 관장님은 "현대화를 통한 환골탈태의 혁신으로 민중에 도움되는 '민중유교'로 거듭나야 된다"고 하셨습니다. 유교가 거듭나기를 강조하셨습니다.

○ 원불교   김대선 (오른쪽)_원불교 교무(평양교구장, 100주년기념성업회 대외협력단장)

평양교구장 김대선 교무와는 흑석동 원불교교당 특별실에서 대담이 이루어졌습니다. 원불교 전반에 걸쳐 길의 응답을 하는데 김대선 교무는 기획하는데 일가견이 있는 분이라는것을 느꼈습니다. 고등종교로 인정받고 국민으로부터 좋은 이미지로 어

종교 수장들과의 대담 면면

필하는 원불교의 근원을 알게 되었습니다.

"이웃종교와 같이 만드는 좋은 세상이 소태산 대종사가 추구하는 세상입니다. 부처님 예수님 공자님이 지향하는 목표는 같다고 생각합니다." 전체를 아우르는 김대선 교무님의 이 말이 원불교가 세계로 나아가 인정받을 수 있다고 보았습니다.

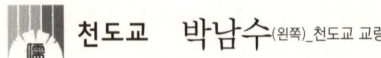
천도교 박남수(왼쪽)_천도교 교령

천도교 교령실에서 대담을 하는데 최재우 존영이 인상깊게 느껴졌습니다. 박남수 교령님은 남다르게 기도정성을 많이 쌓아 생활속에서 체감하며 행동한다는 말씀을 하나 하나 예를 들어가면서 하시는데 공감이 되었습니다. 교령의 위치가 범상치 않은 자리라는 것을 느끼게 했습니다.

박남수 교령님은 "세상의 모든 이치는 밥 한그릇의 근본 이치와 가치를 아는데 있습니다"고 강조하셨습니다.

미망

2019년 1월 15일 초판 인쇄
2019년 1월 21일 초판 발행

지은이   이옥용
펴낸이   이중목
펴낸곳   엠인터내셔널
주 소   서울시 용산구 원효로 83길 21(원효로 1가 70)
등 록   제 2004-000045 호
전 화   02) 702-6177
팩 스   02) 6442-6177
e-mail   5656young@hanmail.net

ISBN 978-89-87321-80-6 03200

* 본 저작물은 저작권법에 의해 보호받는 저작물이므로 무단으로 복사,
  전재하거나 변형하여 사용할 수 없습니다.

한국종교인평화회의(KCRP) 변진흥 (왼쪽)_한국종교인평화회의(KCRP) 사무총장

한국종교협의회를 실질적으로 기획하고 운영하는 변진흥사무총장은 오늘의 한국 종교상황을 꿰뚫고 있었습니다. 그리고 종교화합을 위해 다방면으로 프로그램을 만들어 실천하고 있었습니다. 필자에게 종교의 벽을 이야기할때는 안타까움이 더 하여 졌습니다. 변진흥사무총장은 "세상이 염려하는 종교가 되지않기 위해선 정직, 질서, 배려정신 등 종교인의 의식이 바뀌어야 한다"고 강조하였습니다.

종교학자 조흥윤 (왼쪽)_한양대 명예교수·종교학자

한국종교계에서는 널리 알려진 분으로 알고 있는데 필자만 모르고 있었습니다. 대담중에 조흥윤박사가 신(神)의 근원을 찾기 위해 수십년동안 각 나라를 다녔는데 필자와 만나기 전에 찾았다며 생동감있게 인간과 신, 문화, 전통에 대해 학술적으로 설명하는데 높은 경지에 있는 도인을 만난것 같았습니다. 우리 민족의 자긍심을 갖게 했습니다.

조흥윤 박사는 "무(巫)는 곧 우리 한민족의 원형이고 본향입니다"라고 강조하셨습니다.